中华人民共和国行业推荐性标准

黄土地区公路路基设计与施工技术规范

Technical Specifications for Design and Construction of Highway Subgrade in Loess Region

JTG/T D31-05—2017

主编单位：中交第一公路勘察设计研究院有限公司
批准部门：中华人民共和国交通运输部
实施日期：2017 年 09 月 01 日

人民交通出版社股份有限公司

图书在版编目（CIP）数据

黄土地区公路路基设计与施工技术规范：JTG/T D31-05—2017 / 中交第一公路勘察设计研究院有限公司主编．— 北京：人民交通出版社股份有限公司，2017.7
ISBN 978-7-114-13994-9

Ⅰ．①黄… Ⅱ．①中… Ⅲ．①黄土区—公路路基—设计规范—中国②黄土区—公路路基—工程施工—规范—中国 Ⅳ．①U416.102-65②U416.104-65

中国版本图书馆 CIP 数据核字（2017）第 162267 号

标准类型：	中华人民共和国行业推荐性标准
标准名称：	黄土地区公路路基设计与施工技术规范
标准编号：	JTG/T D31-05—2017
主编单位：	中交第一公路勘察设计研究院有限公司
责任编辑：	李 农
出版发行：	人民交通出版社股份有限公司
地　　址：	（100011）北京市朝阳区安定门外外馆斜街 3 号
网　　址：	http://www.ccpress.com.cn
销售电话：	（010）59757973
总 经 销：	人民交通出版社股份有限公司发行部
经　　销：	各地新华书店
印　　刷：	北京市密东印刷有限公司
开　　本：	880×1230　1/16
印　　张：	6.25
字　　数：	130 千
版　　次：	2017 年 7 月　第 1 版
印　　次：	2020 年 4 月　第 2 次印刷
书　　号：	ISBN 978-7-114-13994-9
定　　价：	50.00 元

（有印刷、装订质量问题的图书，由本公司负责调换）

中华人民共和国交通运输部

公 告

第 15 号

交通运输部关于发布《黄土地区公路路基设计与施工技术规范》的公告

现发布《黄土地区公路路基设计与施工技术规范》(JTG/T D31-05—2017),作为公路工程行业标准,自 2017 年 9 月 1 日起施行。

《黄土地区公路路基设计与施工技术规范》(JTG/T D31-05—2017)由中交第一公路勘察设计研究院有限公司编制。标准的管理权和解释权归交通运输部,日常解释和管理工作由中交第一公路勘察设计研究院有限公司负责。

请各有关单位注意在实践中总结经验,及时将发现的问题和修改建议函告中交第一公路勘察设计研究院有限公司(地址:西安高新技术开发区西区科技四路 205 号,邮政编码:710065),以便修订时研用。

特此公告

中华人民共和国交通运输部
2017 年 4 月 19 日

前 言

根据交通运输部厅公路字〔2013〕169号《关于下达2013年度公路工程行业标准制修订项目计划的通知》的要求，中交第一公路勘察设计研究院有限公司作为主编单位，负责《黄土地区公路路基设计与施工技术规范》的制定工作。

制定过程中，编制组对全国已建和在建的黄土地区公路路基工程开展了广泛的技术调研，参考了国内外近十余年来有关黄土地区公路建设的科研成果和技术资料，全面总结并充分吸收了我国黄土地区公路建设的经验，广泛征求了业内有关单位和专家的意见和建议。

本规范共分7章、4个附录，涵盖黄土地区公路路基勘察、设计与施工诸方面，主要内容包括：1 总则，2 术语和符号，3 工程地质勘察与评价，4 地基处理，5 路基设计，6 路基施工，7 路基拓宽改建，附录A 黄土地貌类型，附录B 黄土地区公路工程分区及主要特征，附录C 防护、支挡、排水等构造物采用圬工材料强度要求，附录D 黄土路基设计分区及主要特征。

本规范由张留俊负责起草第1、2、4章，第5章第2节；刘晓负责起草第3章第1、2、4、5、6、7节；赵永国负责起草第3章第3节；谢永利负责起草第5章第1、4节；杜秦文负责起草第5章第3节；刘卫民负责起草第5章第5节、第6章第4节；丁小军负责起草第5章第6节、第7章；张生辉负责起草第6章第1、2、3节；崔红兵负责起草第6章第5、6节。

请有关单位和个人在执行过程中，将发现的问题和修改意见函告中交第一公路勘察设计研究院有限公司（地址：西安高新技术开发区西区科技四路205号，邮编：710065，联系人：张留俊，电话：029-81772786，邮箱：BZXD@ccroad.com.cn），以便修订时研用。

主 编 单 位：中交第一公路勘察设计研究院有限公司
参 编 单 位：长安大学
　　　　　　　陕西省高速公路建设集团公司
　　　　　　　内蒙古交通设计研究院有限责任公司
主　　　编：张留俊
主要参编人员：丁小军　刘　晓　刘卫民　谢永利
　　　　　　　张生辉　崔红兵　赵永国　杜秦文

主　　　　审：吴万平
参与审查人员：邓卫东　吴立坚　严晓生　刘元炜　杨仰平　张汉舟
　　　　　　　袁永新　李群善　刘凤林　马占伏　胡建刚　毛爱民
参　加　单　位：陕西省黄土力学与工程重点实验室
　　　　　　　陕西省公路交通防灾减灾重点实验室
参　加　人　员：邵生俊　刘军勇　尹利华　张发如　沈　鹏

目　次

1 总则 ·· 1
2 术语和符号 ·· 2
　2.1 术语 ··· 2
　2.2 符号 ··· 3
3 工程地质勘察与评价 ·· 5
　3.1 一般规定 ··· 5
　3.2 工程地质调绘、勘探与测试 ····································· 7
　3.3 黄土湿陷性评价 ·· 10
　3.4 预可勘察 ··· 18
　3.5 工可勘察 ··· 19
　3.6 初步勘察 ··· 20
　3.7 详细勘察 ··· 23
4 地基处理 ·· 27
　4.1 一般规定 ··· 27
　4.2 换填垫层法 ··· 28
　4.3 冲击碾压法 ··· 30
　4.4 强夯法 ·· 32
　4.5 挤密桩法 ··· 34
　4.6 桩基础法 ··· 38
　4.7 黄土陷穴处理 ·· 41
5 路基设计 ·· 43
　5.1 一般规定 ··· 43
　5.2 一般路基设计 ·· 44
　5.3 高路堤、陡坡路堤设计 ·· 46
　5.4 深路堑设计 ··· 49
　5.5 路基防护与支挡设计 ··· 51
　5.6 路基排水设计 ·· 62
6 路基施工 ·· 65
　6.1 一般规定 ··· 65
　6.2 路堤填筑 ··· 65
　6.3 路堑开挖 ··· 66

6.4 路基防护与支挡工程施工	66
6.5 排水工程施工	73
6.6 施工监测	74
7 路基拓宽改建	77
7.1 一般规定	77
7.2 既有路基状况调查与评价	77
7.3 既有路基病害处理	78
7.4 路基拼接设计	78
7.5 路基拼接施工	80
7.6 拓宽改建路基排水	80
附录 A 黄土地貌类型	81
附录 B 黄土地区公路工程分区及主要特征	82
附录 C 防护、支挡、排水等构造物采用圬工材料强度要求	85
附录 D 黄土路基设计分区及主要特征	86
本规范用词用语说明	89

1 总则

1.0.1 为指导黄土地区公路路基设计与施工，提高黄土地区公路路基工程设计与施工质量，制定本规范。

1.0.2 本规范适用于黄土地区各等级新建和改扩建公路路基的设计与施工。

1.0.3 黄土地区公路勘察应利用航空摄影测量、空间遥感、地质调查等，大范围调查黄土沟壑、大型滑坡体、黄土陷穴等分布特征，合理确定路线走廊带与主要控制点。

1.0.4 黄土地区公路路基设计与施工，应因地制宜，落实绿色发展理念，遵循水土保持、环境保护、资源节约的原则。

1.0.5 黄土地区公路路基设计与施工，应符合国家和行业在安全生产、劳动保护及文物保护方面的有关规定，采取有效的安全生产措施，保证人员、设施和文物的安全。

1.0.6 黄土地区公路路基设计与施工，应积极稳妥地采用新技术、新材料、新设备和新工艺。

1.0.7 黄土地区公路路基设计与施工除应符合本规范的规定外，尚应符合国家和行业现行有关标准的规定。

2 术语和符号

2.1 术语

2.1.1 湿陷性黄土 collapsible loess
在一定压力下受水浸湿，产生显著附加下沉的黄土。

2.1.2 非湿陷性黄土 noncollapsible loess
在一定压力下受水浸湿，无显著附加下沉的黄土。

2.1.3 自重湿陷性黄土 loess collapsible under overburden pressure
在上覆土的自重压力下受水浸湿，发生显著附加下沉的湿陷性黄土。

2.1.4 非自重湿陷性黄土 loess noncollapsible under overburden pressure
在上覆土的自重压力下受水浸湿，不发生显著附加下沉的湿陷性黄土。

2.1.5 新近堆积黄土 recently deposited loess
沉积年代短的全新世（Q_4^2）黄土。具高压缩性、承载力低、均匀性差、在50～150kPa压力下变形较大等性质。

2.1.6 黄土高路堤 high embankment of loess
用黄土作为路堤填料填筑的边坡高度大于30m的路堤。

2.1.7 黄土深路堑 deep cut in loess region
在黄土中开挖的边坡高度大于30m的路堑。

2.1.8 陡坡路堤 embankment on steep slope
位于地面横向坡率陡于1:2.5的坡面上的路堤。

2.1.9 黄土陷穴 loess cratering
黄土经水的冲蚀与溶蚀，形成的暗沟、暗洞、暗穴等。

2.1.10 湿陷量 collapse deformation

湿陷性黄土在一定压力下下沉稳定后,受水浸湿所产生的附加下沉量。

2.1.11 湿陷起始压力 initial collapse pressure

湿陷性黄土浸水饱和,开始出现湿陷时的压力。

2.1.12 湿陷系数 coefficient of collapsibility

侧限条件下的黄土试样,在一定压力下下沉稳定后,试样浸水饱和所产生的附加下沉率。

2.1.13 自重湿陷系数 coefficient of collapsibility under overburden pressure

侧限条件下的黄土试样,在上覆土的饱和自重压力下下沉稳定后,试样浸水饱和所产生的附加下沉率。

2.1.14 冲击轮势能 potential energy of impact roller

表征冲击压路机冲击轮静止时的冲击势能,系冲击压路机的冲击轮内外半径之差与冲击轮重力之积。冲击轮势能作为冲击压路机的型号。

2.2 符号

c——路基填料、地基、边坡土体的黏聚力;

E——土条之间的推力;

E_s——压实后填土的变形模量;

f_{ak}——垫层底面经深度修正后的地基承载力特征值;

h_0——裂隙深度;

$(h_{90})_{max}$——边坡土体最大直立高度;

K——安全系数;

p_c——基础底面土的自重压力;

p_{cz}——垫层底面土的自重压力;

p_k——相应于荷载效应标准组合时,基础底面的平均压力;

p_{sh}——湿陷起始压力;

p_z——相应于荷载效应标准组合时,垫层底面处的附加压力;

q——无侧限抗压强度;

q_{pa}——桩端土的承载力特征值;

q_{sa}——桩周土的平均摩擦力特征值;

$\bar{q}_{sa}$——桩周土的平均负摩擦力特征值;

R_a——桩基础的单桩竖向承载力特征值;

β——湿陷性黄土地基湿陷量计算时,考虑基底以下地基土受水浸湿可能性和侧向挤出等因素的修正系数；

β_0——湿陷性黄土场地自重湿陷量计算时，因地区土质而异的修正系数；

γ——路基填料、地基、边坡土体的重度；

δ_s——湿陷系数；

δ_{zs}——自重湿陷系数；

Δ_s——湿陷量的计算值；

Δ_{zs}——自重湿陷量的计算值；

$\bar{\eta}_c$——挤密桩桩间土挤密后的平均挤密系数；

θ——垫层的压力扩散角；

$\bar{\rho}_{dc}$——挤密桩桩间土挤密后的平均干密度；

ρ_{dmax}——由室内重型击实试验确定的挤密桩桩间土的最大干密度；

$\bar{\rho}_{d0}$——挤密桩处理前地基土受力层范围内，各层土的干密度按厚度加权计算的平均值；

φ——路基填料、地基、边坡土体的内摩擦角；

ψ——推力传递系数。

3 工程地质勘察与评价

3.1 一般规定

3.1.1 黄土地区的工程地质勘察，应查明黄土层的地质年代、成因、厚度等地质特征，以及黄土湿陷性等物理力学特性，为路基设计与施工提供依据。

3.1.2 黄土场地工程地质条件可按表 3.1.2 进行划分。其中，地貌类型详见本规范附录 A，冲刷强度指数、地表形态指数、边坡稳定性指数详见本规范附录 B。

表 3.1.2 黄土场地工程地质条件划分表

分类	场地特征	冲刷强度指数	地表形态指数	边坡稳定性指数
简单场地	地形平缓，地貌、地层简单，无其他特殊性岩土，不良地质现象不发育，场地湿陷类型单一，地基湿陷等级变化不大且轻微居多	≥ 0，<5	<6	≥ 0，<5
较复杂场地	地形起伏较大，地貌、地层较复杂，局部有其他特殊性岩土，局部有不良地质现象发育，场地湿陷类型、地基湿陷等级变化较复杂且中等居多	≥ 5，<15	≥ 6，<18	≥ 5，<15
复杂场地	地形起伏很大，地貌、地层复杂，有其他特殊性岩土，不良地质现象广泛发育，场地湿陷类型、地基湿陷等级变化复杂且严重~很严重居多，地下水位变化幅度大或变化趋势不利	≥ 15，≤ 30	≥ 18	≥ 15，≤ 30

条文说明

工程地质条件复杂程度的划分涉及与工程建设有关的各种地质条件，包括地形地貌、地层岩性、地质构造、水文地质、黄土（其他特殊性岩土）及不良地质等条件。其中，地形地貌是一个地区地层岩性、地质构造、内外动力地质作用的综合反映，在一定程度上体现了工程所处区域地质条件的复杂程度和内外动力地质作用的强烈程度；而岩土的类型及其工程性质、基岩面的起伏变化情况、黄土（其他特殊性岩土）及不良地质的发育程度、地下水等与工程设计和工程结构的安全关系密切；采用这些因素进行场地划分可比较全面地反映工程建设场地地质条件的复杂程度。此外，冲刷强度指数综合反映了在自然环境条件作用和影响下公路边坡受冲刷程度；地表形态指数综合反映了公路建筑场地地形地貌复杂程度；边坡稳定性指数综合反映了公路边坡稳定等级。这三项指数的确定亦与地面坡度、地表切割密度、地层结构等因素有关，可作为公路建筑场地工程地质条件划分的参考。黄土场地工程地质条件划分主要以工程安全为前提，综合考虑诸因素，进行综合评价。下面给出一个具体的判断标准，供参考使用。

简单场地：①地形地貌：地貌单元单一，地形坡度小于10°，地形高差小于10m；②地层层理或结构面特征：地层层理或结构面外倾小于10°；③地层均匀程度：勘探深度内地层横向及纵向厚度变化不大，勘探深度内地层不超过3层且土层厚度小于10m；④湿陷性特征：非自重湿陷场地、地基湿陷等级较轻；⑤不良地质特征：无滑坡、崩塌等不良地质；⑥特殊性岩土特征：无其他特殊性岩土；⑦冲沟发育特征：虽有冲沟发育，但深度多小于10m；⑧地下水特征：无地下水或水位变化幅度小。

复杂场地：①地形地貌：有两种以上地貌单元，地形高差大于20m，地形坡度大于20°；②地层层理或结构面特征：地层层理或结构面外倾超过20°，或未超过20°但可能失稳；③地层均匀程度：勘探深度内地层横向或纵向厚度变化大，勘探深度内地层超过4层且土层厚度大于20m；④湿陷性特征：自重湿陷场地、地基湿陷等级严重~很严重；⑤不良地质特征：不良地质现象广泛发育；⑥特殊性岩土特征：可能存在其他特殊性岩土；⑦冲沟发育特征：冲沟纵横且深度多大于20m；⑧地下水特征：地下水位变化幅度大或变化趋势不利。

较复杂场地：介于复杂场地与简单场地之间。

一般而言，场地划分由复杂场地向简单场地推定，除不良地质和特殊性岩土外，首先满足其中3项者，即可判定为该类场地；不良地质或特殊性岩土广泛发育且范围、规模、危害较大者，即可判定为复杂场地；对前期已经治理的边坡、不良地质或特殊性岩土，划分时要考虑工程的特点及对工程影响的程度综合判定。

黄土地区的不良地质主要包括：滑坡、崩塌、错落、陷穴、泥石流、地裂缝、坑洞等。特殊性岩土主要有：盐渍土、膨胀土（岩）、软弱土等。其中，膨胀土主要指下部老黏土、泥岩的风化物，软弱土主要指浸水软化黄土及冲填土等。

3.1.3 黄土可根据地层的地质年代按表3.1.3进行分类。

表3.1.3 黄土按地层的地质年代分类表

地质年代		地层名称		湿陷性特征
全新世 Q_4	近期 Q_4^2	—	新近堆积黄土	一般具有湿陷性，常具有高压缩性
	早期 Q_4^1	—	新黄土	具有湿陷性
晚更新世 Q_3		马兰黄土		
中更新世 Q_2		离石黄土	老黄土	上部部分土层具有湿陷性
早更新世 Q_1		午城黄土		不具有湿陷性

3.1.4 黄土地区工程地质勘察可分为四个阶段，即预可行性研究阶段工程地质勘察（简称预可勘察）、工程可行性研究阶段工程地质勘察（简称工可勘察）、初步设计阶段工程地质勘察（简称初步勘察）和施工图设计阶段工程地质勘察（简称详细勘察）。各阶段的勘察成果应符合各相应设计阶段的要求。

3.1.5 二级及二级以上公路工程，在地质条件复杂，或有特殊要求的项目或特殊工点，可进行专门勘察。三级、四级公路工程，在地质条件简单，或有工程经验的地区，可根据设计阶段简化勘察阶段。

3.1.6 勘探点、测试点和观测点的布置应查明各地质体界线及工程地质特性，其密度、深度应根据勘察阶段、成图比例、露头情况和工程结构要求等确定。

3.2 工程地质调绘、勘探与测试

3.2.1 工程地质勘察工作应编制勘察大纲。当现场地质条件、工程要求、勘察要求等发生变化时，勘察大纲应进行相应调整。

3.2.2 黄土地区工程地质调绘应包括下列主要内容：

1 黄土地形地貌的成因、类型、分布、形态特征；黄土的侵蚀、堆积发育特征及与地貌形态的关系；微地貌特征、山坡形态及稳定情况。

2 黄土地层的地质年代、成因、层序、结构、夹层、古土壤的分布及特征、厚度、层间接触面形态；黄土与下伏岩层接触面形态、下伏基岩的岩性及风化程度；黄土节理裂隙的形态及贯通，黄土湿陷性。

3 黄土地区地质构造的类型、产状、规模、分布范围等，特别是隐伏或全新活动性断裂。

4 黄土地区大气降水的汇集、径流对阶地、山坡、塬梁的地质作用及山坡稳定性的影响；地下水的类型、埋深、赋存、补给、排泄和径流条件、季节性变化幅度、升降趋势，地下水对山坡稳定性的影响；地表水系、井、泉、水库、池塘的分布位置、高程和动态特征，地表水对谷坡的侵蚀及沟床的变迁情况等；地下水与地表水、灌溉情况和开采地下水强度的关系，水位升降引起的地基病害情况。

5 黄土湿陷洼地、冲沟、陷穴、地裂缝、滑坡、崩坍、泥石流等不良地质现象的分布、规模、形成条件、发展趋势及其对工程的影响。

6 场地内存在的古墓、井、坑、穴、地道、砂井和砂巷等人为地下坑穴。

7 素填土、杂填土、冲填土、填筑土的分布范围、厚度、密实程度等。

8 既有工程的现状、变形情况及原因。

3.2.3 工程地质调绘应符合下列规定：

1 应与路线及沿线构造物相结合，为路线方案比选、工程场地选址以及勘探、测试工作量的拟定等提供依据。

2 应充分收集、分析勘察区既有的各种地质资料，结合必要的遥感解译及勘探手段进行。

3 采用的地层单位应与公路基本建设程序各阶段的工作内容、深度和成图比例尺相适应。

4 应沿路线及其两侧的带状范围进行，调绘宽度应满足工程方案比选及工程地质分析评价的要求。

5 调绘点应布置在黄土地区地貌单元的边界、古土壤层、黄土与下伏基岩的接触面、地下水出露点，黄土滑坡、错落、地裂缝、堰塞湖、人为坑洞、湿陷洼地、陷穴、落水洞，紧邻路线的陡坡地带和水流冲刷部位及主要工点。

6 工程地质图上的地质界线与实际地质界线的误差在图上的距离不应大于3mm。对控制路线位置、工程设计方案、构造物设置的不良地质和黄土及其他特殊性岩土地段，地质点和地质界线应采用仪器测绘。

7 图上宽度大于2mm的地质现象应予以调绘；对公路工程有影响的滑坡、崩塌、断层、落水洞、地裂缝、陷穴等地质现象在图上的宽度不足2mm时，宜采用扩大比例尺表示，并标注其实际数据。

8 需判明环境水、土的腐蚀性以及岩土的性质时，应取样进行相关试验分析。

3.2.4 应选择代表性地貌地质单元布置挖探点，取黄土原状土样，测试其湿陷性。

3.2.5 工程地质调绘应提交文字说明、工程地质平面图、综合地层柱状图、工程地质断面图、照片以及相关调查图表等。

3.2.6 黄土场地的勘探方法与要求应符合下列规定：

1 根据各个勘察阶段对地质成果的要求，应在充分搜集、分析勘察区既有的各种地质资料基础上，开展工程地质勘探工作。

2 黄土地区的勘探方法应根据现场地形地质条件、工点类型、技术要求、勘探手段的适用性等统筹考虑后确定，可选择钻探、洛阳铲、麻花钻、井探、坑探、槽探、静力触探等原位测试，开展岩性、水质、土工试验以及工程物探等综合勘探工作。

3 有地下水发育时，应量测地下水的初见水位和稳定水位。

4 黄土地基的勘探深度应满足黄土地基湿陷性评价的要求：非自重湿陷性黄土场地的勘探深度应至基底以下不小于10m；自重湿陷性黄土场地，陇西、陇东、陕北、晋西、宁夏地区不应小于15m，其他地区不应小于10m，且不小于压缩层厚度。对挡土墙地基的勘探深度不应小于持力层厚度，控制性勘探点应至非湿陷性黄土层顶面。

条文说明

基底对路堤系指原地面；对路堑系指挖方设计高程；对挡墙等小型构造物系指基础底面。

3.2.7 黄土取样应符合下列规定：

1 黄土地层中取原状土样，宜采用挖探或原位静压的方法。钻探取样时应遵照操作规程采用大口径回转钻进，并使用专门的薄壁取土器，每个地质单元应有井探与钻探取样作核对。取样深度应满足稳定性评价的要求。

2 湿陷性试验的试样，Q_4 和 Q_3 地层中应在全部土层中取样，Q_2 地层中应在上部土层中取样。

3 取原状土样，应保持其天然的湿度、密度和结构。在探井中取样，竖向间距宜为 1.0m，土样直径不宜小于 120mm；在钻孔中取样，竖向间距宜为 1.0m；遇到地层变化或软弱地层应及时取样。

4 所取的原状土样应密封，避免雨淋、冻、晒和振动，样品存放时间不应大于 14d。

5 地表水、地下水应取水样进行水质分析；当地层中含有石膏、盐分时，应取土样进行腐蚀性分析。

3.2.8 黄土样品室内试验项目可按表 3.2.8 选用，试验方法应符合现行《公路土工试验规程》（JTG E40）的有关规定。

表 3.2.8 黄土试验项目

试 验 项 目			路 基
颗粒分析			(+)
天然含水率 w（%）			+
天然密度 ρ（kg/m³）			+
液限 w_L（%）			+
塑限 w_P（%）			+
剪切试验	直剪	c_q（MPa）、φ_q（°）	+
	三轴剪切	c_{uu}（MPa）、φ_{uu}（°）	(+)
压缩系数 α（MPa^{-1}）、压缩模量 E_s（MPa）			+
湿陷系数 δ_s			+
自重湿陷系数 δ_{zs}			+
湿陷起始压力 p_{sh}（kPa）			+
碳酸钙含量 $CaCO_3$（%）			(+)

注：1. "+" 为必做项目；"(+)" 为选做项目。
  2. 结合现场实际，剪切试验可选择采用直剪快剪或三轴不排水剪试验；若有可靠经验亦可采用其他方法，如在天然含水率基础上加一定量的水，进行增湿试验等。

3.2.9 宜采用轻型动力触探、标准贯入试验、静力触探、扁铲侧胀试验、旁压试验、现场剪切试验等原位测试方法，综合评价黄土的工程地质性质。

3.3 黄土湿陷性评价

3.3.1 黄土的湿陷性应按室内浸水饱和压缩试验在一定压力下测定的湿陷系数 δ_s 值判定，并应符合下列规定：

1 当湿陷系数 $\delta_s < 0.015$ 时，应定为非湿陷性黄土。
2 当湿陷系数 $\delta_s \geq 0.015$ 时，应定为湿陷性黄土。
3 湿陷性黄土湿陷程度应按表3.3.1划分。

表3.3.1 湿陷性黄土湿陷程度划分表

湿陷系数 δ_s	$0.015 \leq \delta_s \leq 0.03$	$0.03 < \delta_s \leq 0.07$	$\delta_s > 0.07$
湿陷程度	湿陷性轻微	湿陷性中等	湿陷性强烈

3.3.2 湿陷系数 δ_s 可按式（3.3.2）计算：

$$\delta_s = \frac{h_p - h'_p}{h_0} \tag{3.3.2}$$

式中：h_p——保持天然湿度和结构的土样，加压至一定压力时，下沉稳定后的高度（mm）；

h'_p——上述加压稳定后的土样，在浸水饱和作用下，附加下沉稳定后的高度（mm）；

h_0——土样的原始高度（mm）。

3.3.3 测定湿陷系数 δ_s 的试验压力应按下列条件确定：

1 对零填路基，试验压力采用地基土饱和自重压力。

2 对路堤，试验压力应按路堤荷载作用在地基内的附加压力与地基土饱和自重压力之和确定。对压缩性较高的新近堆积黄土，路堤下5m以内的土层，宜采用100～200kPa；路堤下5～10m的土层，宜采用200kPa；10m以下至非湿陷性黄土层顶面，宜采用路堤荷载作用在地基内的附加压力与地基土饱和自重压力之和。

3 对路堑，应自挖方设计高程算起，试验压力应按堑底以下地基土饱和自重压力确定。

4 对挡土墙等小型构造物，应自地面以下1.5m算起，基底以下10m以内的土层应采用200kPa，10m以下至非湿陷性黄土层顶面应采用构造物荷载作用在地基内的附加压力与地基土饱和自重压力之和。

3.3.4 自重湿陷系数 δ_{zs} 可按式（3.3.4）计算：

$$\delta_{zs} = \frac{h_z - h'_z}{h_0} \tag{3.3.4}$$

式中：h_z——保持天然湿度和结构的土样，加压至该土样上覆土的饱和自重压力时，下沉稳定后的高度（mm）；

　　　h'_z——上述加压稳定后的土样，在浸水饱和作用下，附加下沉稳定后的高度（mm）；

　　　h_0——土样的原始高度（mm）。

3.3.5 湿陷性黄土场地自重湿陷量的计算值 Δ_{zs} 可按式（3.3.5）计算：

$$\Delta_{zs} = \beta_0 \sum_{i=1}^{n} \delta_{zsi} h_i \tag{3.3.5}$$

式中：δ_{zsi}——第 i 层土的自重湿陷系数；

　　　h_i——第 i 层土的厚度（mm）；

　　　β_0——因地区土质而异的修正系数。缺乏实测资料时，陇西地区可取 1.80；陇东、陕北、晋西、宁夏地区可取 1.40；关中地区可取 0.90；其他地区可取 0.40。

3.3.6 自重湿陷量的计算值 Δ_{zs} 应自天然地面算起，挖方路基应自设计高程算起，至其下非湿陷性黄土层的顶面为止。其中，埋深 10m 范围内自重湿陷系数 δ_{zs} 小于 0.015，埋深 10～15m 的自重湿陷系数 δ_{zs} 小于 0.02，埋深大于 15m 的自重湿陷系数 δ_{zs} 小于 0.025 时，不应累计计算。

条文说明 3.3.5～3.3.6

　　室内压缩试验浸水测试的湿陷量仅反映了黄土的湿陷特性，在原位黄土场地能否表现出来，与不同地层构成黄土地基的变形反应还有密切联系。依据蒲城电厂、巩义市大峪沟镇、偃师市顾县镇、陕县张家湾、灵宝市西闫乡、灵宝市故县镇、灵宝市豫灵镇、潼关县高桥乡、华阴市卫峪乡、榆中县和平镇、西安财经学院新校区、西安长安区阳村、西安长安区高望堆村、西安曲江黄渠头村、灵武市宁东镇现场试坑浸水试验，由测试不同埋深 D 范围土层的湿陷量确定现场平均自重湿陷系数（试坑浸水试验平均自重湿陷系数），与给定土层不同埋深土的室内试验测定自重湿陷系数按照土层厚度的加权平均值比较（室内试验加权平均自重湿陷系数），可以得到如图 3-1～图 3-3 所示的结果。

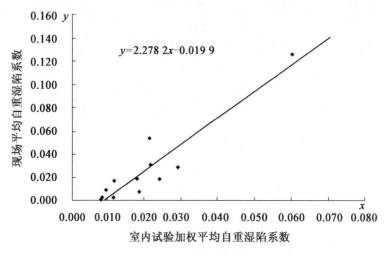

图 3-1 现场与室内试验平均自重湿陷系数关系曲线（$D=1\sim10\mathrm{m}$）

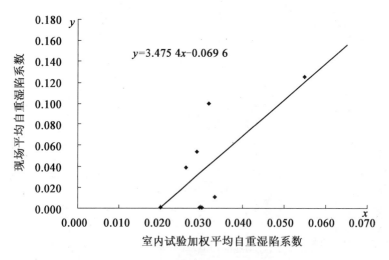

图 3-2 现场与室内试验平均自重湿陷系数关系曲线（$D=10\sim15\mathrm{m}$）

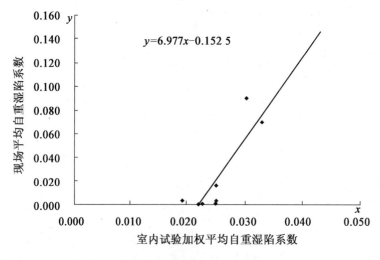

图 3-3 现场与室内试验平均自重湿陷系数关系曲线（$D=15\sim20\mathrm{m}$）

由此可得，埋深 1~10m 范围内黄土自重湿陷系数小于或等于 0.015 的室内试验值的平均值约小于 0.006；埋深 10~15m 范围内黄土自重湿陷系数小于或等于 0.02 的室内试验值的平均值约小于0.008；埋深15~20m范围内黄土自重湿陷系数小于或等于0.025的室内试验值的平均值约小于0.014。可见，埋深10m范围内黄土的湿陷系数界限值取0.015，埋深10~15m范围内黄土的湿陷系数界限值取0.02，埋深大于15m黄土的湿陷系数界限值取0.025，则试坑浸水试验场地的湿陷量近似为零。结果见表3-1。

表3-1 不同场地不同埋深范围土样室内试验自重湿陷系数小于界限值的加权平均值

场地名称	$0 < D \leq 10\text{m}$ $\delta_{zs} \leq 0.015$	$10\text{m} < D \leq 15\text{m}$ $\delta_{zs} \leq 0.02$	$15\text{m} < D \leq 20\text{m}$ $\delta_{zs} \leq 0.025$
蒲城电厂	0.007	0.005	0.013
巩义市大峪沟镇	0.004	0.006	0.004
偃师市顾县镇	0.003	0.007	0.001
陕县张家湾	0.006	0.008	0.019
灵宝市西闫乡	0.007	0.009	0.018
灵宝市故县镇	0.008	0.006	0.021
灵宝市豫灵镇	0.006	0.006	0.018
潼关县高桥乡	0.012	0.019	0.019
华阴市卫峪乡	0.004	0.009	0.013
榆中县和平镇	0.000	0.000	0.024
西安财经学院新校区	0.005	0.010	0.008
西安长安区阳村	0.004	0.006	0.015
西安长安区高望堆村	0.003	0.010	0.007
西安曲江黄渠头村	0.009	0.009	0.012
灵武市宁东镇	0.005	—	—
平均值	0.006	0.008	0.014

自重湿陷量计算值的修正依据试坑浸水试验实测值和探井取原状样室内压缩试验测试不同土层湿陷系数的计算值比较确定。依据现有试验结果，得到了表3-2。

表3-2 实测自重湿陷量和计算自重湿陷量比较

地区	序号	试验地点	浸水试坑尺寸（m）	实测自重湿陷量（cm）	计算自重湿陷量（cm）	实测值/计算值
陇西	1	青海物探队	15×15	39.5	25.0	1.58
	2	兰州东岗镇	φ10	95.9	50.09	1.91
			10×10	87.0	50.09	1.74
			φ12	91.5	50.09	1.83
			φ20	93.6	50.09	1.87

续表 3-2

地区	序号	试验地点	浸水试坑尺寸（m）	实测自重湿陷量（cm）	计算自重湿陷量（cm）	实测值/计算值
陇西	3	兰州砂井驿	10×10	18.5	10.40	1.78
			14×14	15.5	9.12	1.70
	4	兰州工人疗养院	10×10	18.5	11.8	1.57
	5	兰州西固区纺织厂	5×5	36.0	27.2	1.32
	6	兰州连城铝厂	34×55	115.2	54.0	2.13
			34×17	107.5	54.0	1.99
	7	甘肃永登县	—	135.2	43.65	3.10
	8	兰州七里河	—	56.4	42.6	1.32
	9	兰州安东区	—	11.9	11.0	1.08
	10	兰州龚家湾	11.75×12.1	56.7	36.0	1.57
			12.70×13.0	63.5	36.0	1.76
	11	兰州安宁堡	—	11.9	5.77	2.06
	12	天水二十里铺	28×16	58.6	40.5	1.45
	13	青海大通县	15×15	40.0	24.3	1.65
			27×27	101.40	54.2	1.87
	14	西宁城中区南川	53×32	65.0	40.9	1.58
	15	榆中县和平镇	ϕ40	235.1	122.8	1.89
陇东—陕北—晋西—宁夏	1	宁夏扬黄11号泵站	110×70	261.1	140.5	1.86
	2	灵武市宁东镇	ϕ14	17.7	14.7	1.20
	3	宁夏固原县七营镇	ϕ15	128.8	104.5	1.23
			20×5	117.2	104.5	1.12
	4	延安丝绸厂	9×9	35.65	22.9	1.56
	5	陕西合阳	10×10	47.70	36.5	1.31
	6	陕西耀县（梅家坪）	10×10	41.3	34.2	1.20
	7	山西铝厂（河津）	15×15	9.2	17.1	0.53
			12×12	5.7	12.8	0.45
			12×12	5.7	8.4	0.89
关中	1	陕西富平张桥	10×10	20.7	21.2	0.98
	2	西安交大	10×10	0.81	7.98	0.10
	3	西安韩森寨	12×12	36.4	29.0	1.26
	4	陕西三原	10×10	33.79	28.22	1.19
	5	陕西武功	7×7	1.4	1.5	0.93

续表 3-2

地区	序号	试验地点	浸水试坑尺寸 (m)	实测自重湿陷量（cm）	计算自重湿陷量（cm）	实测值计算值
关中	6	西安北郊（徐家堡）	φ10	3.8	13.7	0.28
			φ12	9.0	13.7	0.66
	7	宝鸡二电厂	20×20	34.4	28.2	1.22
	8	西安建筑科技大学	10×10	0.5	1.7	0.29
	9	西安北郊徐家湾	10×10	33.8	27.3	1.24
	10	陕西蒲城电厂	φ40	6.5	65.1	0.10
	11	西安财经学院新校区	φ30	0.0	10.7	0.0
	12	西安曲江北池头村	25×18	1.0	15.8	0.06
	13	西安曲江黄渠头村	φ28	10.6	45.8	0.23
	14	潼关县高桥乡	椭圆48×42	35.8	57.0	0.63
	15	华阴市卫峪乡	φ25	160.3	46.3	3.46
	16	西安长安区阳村	φ25	0.0	15.8	0.0
			φ25	0.0	20.2	0.0
	17	西安长安区高望堆村	φ25	0.0	12.4	0.0
			φ25	0.0	8.2	0.0
	18	灵宝市西闫乡	椭圆39×33	10.4	34.2	0.30
	19	灵宝市故县镇	φ35	47.7	50.9	0.94
	20	灵宝市豫灵镇	φ20	59.3	38.0	1.56
山西—河南—河北等	1	洪洞县化肥厂	10×10	3.2	7.4	0.43
	2	山西太原	φ10	3.6	18.6	0.19
	3	山西榆次	φ10	8.6	12.6	0.68
			φ10	8.6	20.2	0.43
	4	山西绛县	10×10	1.55	30.3	0.05
	5	山西闻喜	10×10	22.6	57.2	0.40
	6	山西东赵	φ10	6.7	20.2	0.33
	7	山西潞城	φ15	6.6	12.0	0.55
	8	山西无线电厂（太原）	φ10	3.6	17.8	0.20
	9	山西翼城	10×10	1.99	4.2	0.45
	10	太原北郊	10×10	1.34	1.07	1.18
	11	河南巩义市大峪沟镇	φ20	0.7	4.8	0.15
	12	河南偃师市顾县镇	φ25	2.7	4.4	0.61
	13	陕县张湾乡	椭圆32×28	19.3	58.8	0.33
	14	河北矾山	φ20	21.35	44.8	0.48
			φ20	21.35	38.3	0.56

区分陇西地区、陇东—陕北—晋西—宁夏地区、关中地区及其他四个地区,进行了相关分析,如图3-4~图3-7所示。可见,陇西地区实测值与计算值的相关性强,β_0适宜取值1.80;陇东—陕北—晋西—宁夏地区实测值与计算值的相关性强,β_0适宜取值为1.40;关中地区实测值与计算值相关系数取值为0.9,但相关性差;其他地区的取值为0.40。

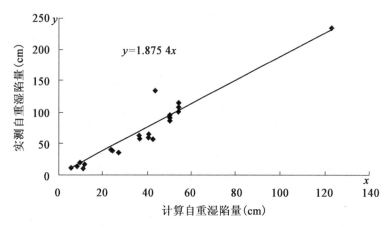

图3-4　陇西地区自重湿陷量实测值与计算值的关系

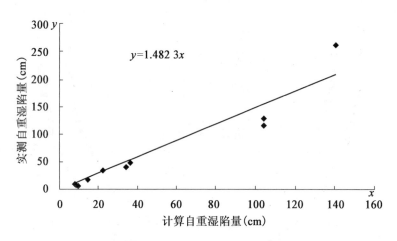

图3-5　陇东—陕北—晋西—宁夏地区自重湿陷量实测值与计算值的关系

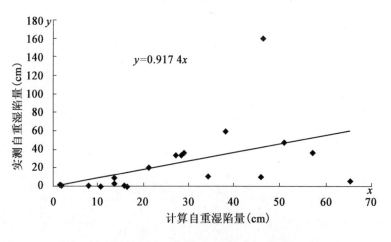

图3-6　关中地区自重湿陷量实测值与计算值的关系

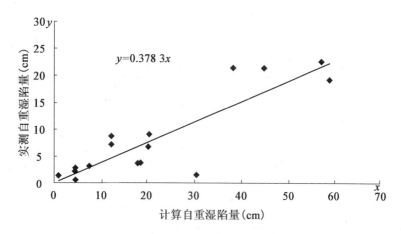

图 3-7 其他地区自重湿陷量实测值与计算值的关系

3.3.7 湿陷性黄土地基受水浸湿饱和时,其湿陷量 Δ_s 可按式(3.3.7)计算:

$$\Delta_s = \sum_{i=1}^{n}\beta\delta_{si}h_i \tag{3.3.7}$$

式中:δ_{si}——第 i 层土的湿陷系数;

h_i——第 i 层土的厚度(mm);

β——考虑基底以下地基土受水浸湿可能性和侧向挤出等因素的修正系数。当缺乏实测资料时,挡墙等小型构造物基底以下 0~5m 深度范围内,可取 1.50;5~10m 深度范围内,可取 1.00;10m 以下深度至非湿陷性黄土层顶面,在自重湿陷性黄土场地,可取工程所在地区的 β_0 值。路堤可取所在地区的 β_0 值。

3.3.8 湿陷量 Δ_s 的计算值,在初勘阶段应自地面以下 1.5m 算起;详勘阶段应自基底算起。在非自重湿陷性黄土场地,应计算至基底以下 10m(或地基压缩层)深度为止。在自重湿陷性黄土场地,对高挡墙等重要工程应累计计算至非湿陷性黄土层顶面为止;对其他工程,当基底下的湿陷性土层厚度大于 10m 时,其累计计算深度可根据所在地区确定。陇西、陇东、陕北、晋西、宁夏地区,累计计算深度不应小于 15m,其他地区不应小于 10m。其中,基底下 10m 范围内湿陷系数 δ_s 的值小于 0.015,埋深 10~15m 的湿陷系数 δ_s 小于 0.02,埋深大于 15m 的湿陷系数 δ_s 的值小于 0.025 时,不应累计计算。

3.3.9 黄土场地的湿陷类型判定应符合下列规定:

1 当自重湿陷量的实测值或计算值小于或等于 70mm 时,应定为非自重湿陷性黄土场地。

2 当自重湿陷量的实测值或计算值大于 70mm 时,应定为自重湿陷性黄土场地。

3 当自重湿陷量的实测值和计算值出现矛盾时,应按自重湿陷量的实测值判定。

条文说明

自重湿陷量的实测值是指在湿陷性黄土场地，采用试坑浸水试验，全部湿陷性黄土层浸水饱和所产生的自重湿陷量；自重湿陷量的计算值是指采用室内压缩试验，根据不同深度的湿陷性黄土试样的自重湿陷系数，考虑地区土质条件差异修正计算而得到的自重湿陷量的累计值。

3.3.10 湿陷性黄土地基湿陷等级应按表3.3.10判定。

表3.3.10 黄土地基湿陷等级

湿陷类型		非自重湿陷场地	自重湿陷场地	
自重湿陷量的计算值 Δ_{zs} (mm)		$\Delta_{zs} \leq 70$	$70 < \Delta_{zs} \leq 350$	$\Delta_{zs} > 350$
湿陷量的计算值 Δ_s (mm)	$\Delta_s \leq 300$	Ⅰ（轻微）	Ⅱ（中等）	—
	$300 < \Delta_s \leq 700$	Ⅱ（中等）	Ⅱ（中等）或Ⅲ（严重）*	Ⅲ（严重）
	$\Delta_s > 700$	Ⅱ（中等）	Ⅲ（严重）	Ⅳ（很严重）

注*：当湿陷量的计算值 $\Delta_s > 600$ mm、自重湿陷量的计算值 $\Delta_{zs} > 300$ mm 时，可判为Ⅲ级，其他情况可判为Ⅱ级。

3.4 预可勘察

3.4.1 预可勘察应了解公路建设项目所处区域的工程地质条件及存在的工程地质问题，为编制预可行性研究报告提供工程地质资料。

3.4.2 预可勘察应充分收集区域地质、地震、气象、水文、采矿、灾害防治与评估等资料，采用资料分析、遥感工程地质解译、现场踏勘调查等方法，对各路线走廊带的工程地质条件进行研究。

3.4.3 预可勘察应完成下列各项工作内容：
1 了解各路线走廊带内黄土的湿陷类型、等级、分布范围等。
2 了解各路线走廊带或通过的地形地貌、地层岩性、地质构造、水文地质条件、地震动参数、不良地质和其他特殊性岩土的类型、分布范围、发育规律。
3 了解当地建筑材料的分布状况和采购运输条件。
4 评估各路线走廊带的黄土工程地质条件及主要工程地质问题。
5 编制预可行性研究阶段工程地质勘察报告。

3.4.4 遥感工程地质解译及现场踏勘调查应沿拟定的路线及其两侧的带状范围进行。工程地质调查的比例尺应为1:50 000～1:100 000，调查宽度应满足路线走廊带方案比选的需要。

3.4.5 应通过资料分析、遥感工程地质解译等评估主要地质问题；对典型的高路堤、深路堑、支挡工程等视情况可布置现场踏勘调查。

3.4.6 预可勘察报告应提交下列资料：
1 文字说明：应对拟建工程项目的工程地质条件、黄土工程地质问题及筑路材料的分布状况和运输条件等进行说明，对各路线走廊带的工程地质条件进行评估，对下一阶段的工程地质勘察工作提出意见和建议。
2 图表资料：1∶50 000～1∶100 000 路线工程地质平面图及附图、附表、照片等；典型的高路堤、深路堑、支挡工程等宜编制工程地质断面图。

3.5 工可勘察

3.5.1 工可勘察应初步查明公路沿线的工程地质条件和对公路建设规模有影响的黄土工程地质问题，为编制工程可行性研究报告等提供地质资料。

3.5.2 工可勘察应以资料收集和工程地质调绘为主，辅以必要的勘探手段，对项目建设各工程方案的工程地质条件进行研究。

3.5.3 工可勘察应完成下列各项工作内容：
1 初步查明黄土的湿陷类型、特征、分布范围等内容。
2 初步查明各路线走廊带的地形地貌、地层岩性、地质构造、水文地质条件、地震动参数、不良地质和其他特殊性岩土的类型、分布及发育规律。
3 初步查明沿线水库、矿区的分布情况及其与路线的关系。
4 初步查明黄土地区地质条件复杂的岸坡稳定性。
5 对控制路线方案的越岭地段，区域性断裂通过的峡谷、区域性储水构造，初步查明其地层岩性、地质构造、水文地质条件及潜在不良地质的类型、规模、发育条件。
6 初步查明筑路材料的分布、开采、运输条件以及工程用水的水质、水源情况。
7 评价各路线走廊带的工程地质条件，分析评价黄土地区存在的主要工程地质问题。
8 编制工程可行性研究阶段工程地质勘察报告。

3.5.4 工可勘察中工程地质调绘应符合下列规定：
1 应对区域地质、水文地质以及当地采矿资料等进行复核。区域地层界线、断层线、不良地质和黄土及其他特殊性岩土发育地带、地下水排泄区等应进行实地踏勘，并做好复核记录。
2 工程地质调绘的比例尺为1∶10 000～1∶50 000，范围应包括各路线走廊带所处的带状区域。

3.5.5 对控制路线方案的区域性断裂、不良地质、地质条件复杂的黄土路段，当通过资料收集、工程地质调绘不能初步查明其工程地质条件时，应进行工程地质勘探。

3.5.6 工可勘察报告提交的资料应符合下列规定：
1 文字说明：应对公路沿线的地形地貌、地层岩性、地质构造、水文地质条件、新构造运动、地震动参数等基本地质条件进行说明；对不良地质和黄土及其他特殊性岩土应阐明其类型、性质、分布范围、发育规律及其对公路工程的影响和避开的可能性；对线路方案有重大影响的黄土工程地质问题进行论证、评价；应结合工程方案的论证、比选，对控制性工程地质条件进行说明、评价，提供工程方案论证、比选所需的岩土参数。
2 图表资料：1:10 000~1:50 000路线工程地质平面图；1:10 000~1:50 000路线工程地质纵断面图；1:2 000~1:10 000重要工点工程地质平面图；1:2 000~1:10 000重要工点工程地质断面图；附图、附表和照片等。

3.6 初步勘察

3.6.1 初步勘察应基本查明黄土地区公路沿线及路基场地的工程地质条件，为工程方案比选及初步设计文件编制提供工程地质资料。应与路线和路基工程的方案设计相结合，根据现场地形地质条件采用遥感解译、工程地质调绘、钻探、物探、原位测试等手段相结合的综合勘察方法，对路线及路基建设场地的工程地质条件进行勘察。

3.6.2 初步勘察应对工程项目建设可能诱发的地质灾害和环境工程地质问题进行分析、预测，评估其对公路工程和环境的影响。

3.6.3 初步勘察阶段应重点查明下列内容：
1 黄土地貌的成因、类型、分布、形态特征。
2 黄土冲沟的沟深、沟长、沟谷纵坡及侵蚀情况，路线上方汇水情况，植被情况。
3 黄土的地质年代、成因、类型、分布范围及厚度。
4 黄土的地层结构、古土壤层的分布和发育情况。
5 黄土的物理力学性质、湿陷类型、湿陷等级和承载力。
6 黄土层与基岩的接触面形态、下伏地层的岩性和风化程度。
7 下覆岩体的节理、裂隙的产状、规模、间距、充填闭合情况。
8 地表水的分布、积聚、排泄条件，洪水淹没范围及水流冲刷作用和影响。
9 地下水的类型、埋深、季节性变化幅度、升降趋势及其与地表水体、灌溉、开采地下水强度的关系。

10 滑坡、崩塌、错落、陷穴、冲沟、泥石流、落水洞、湿陷洼地、地裂缝、断裂、人为坑洞、水流冲蚀、堰塞湖等不良地质的分布、规模、发展趋势。

11 既有工程地质病害及防治工程经验等。

3.6.4 一般路基初步勘察应符合下列规定：

1 一般路基工程地质调绘可与路线工程地质调绘一并进行，比例尺为 1:2 000～1:10 000，视地质条件的复杂程度选用。

2 路基勘探测试点宜沿路线中线布置，数量不应低于表 3.6.4 的规定。

表3.6.4　一般路基纵向勘探点布置数量

场地类别	公路等级	数量（个/km）
简单场地	高速公路、一级公路	2
	二级及二级以下公路	1
较复杂场地	高速公路、一级公路	3
	二级及二级以下公路	2
复杂场地	高速公路、一级公路	4
	二级及二级以下公路	3

条文说明

路线工程地质调绘是为线路方案比选所进行的，一般采用 1:10 000 比例尺；而一般路基工程地质调绘则是为具体的挖方、填方段落或支挡结构工点所进行的，采用的比例尺一般大于或等于 1:2 000。

3.6.5 高路堤、陡坡路堤初步勘察应符合下列规定：

1 应根据现场地形地质条件，结合路基填筑高度，确定代表性位置布置横向勘探断面，断面数量不应低于表 3.6.5 的规定。

表3.6.5　高路堤、陡坡路堤横向勘探断面布置数量

场地类别	公路等级	数量（个）
简单场地	高速公路、一级公路	1
	二级及二级以下公路	(1)
复杂场地、较复杂场地	高速公路、一级公路	1~2
	二级及二级以下公路	1

注："（ ）"表示视需要做。

2 每条横向勘探断面上的钻孔或探井数量不应少于 2 个。勘探深度应至稳定地层或持力层以下 3m，并应满足沉降及稳定计算要求。

3 勘探断面上的地形变化点、岩石露头、地下水出露点、勘探测试点等应实测。

3.6.6 深路堑初步勘察应采用钻探、挖探与物探相结合的方法，并应符合下列规定：

1 应根据斜坡的地质结构、水文地质条件和拟定的工程方案，确定代表性位置布置横向勘探断面，断面数量不应低于表3.6.6的规定。

表3.6.6 深路堑横向勘探断面布置数量

场地类别	公路等级	数量（个）
简单场地	高速公路、一级公路	1
	二级及二级以下公路	（1）
复杂场地、较复杂场地	高速公路、一级公路	1~2
	二级及二级以下公路	1

注："（ ）"表示视需要做。

2 每条横向勘探断面上的钻孔或探井数量不应少于2个。勘探深度应至设计高程以下的稳定地层中3~5m。地下水发育路段，勘探深度应根据排水工程需要确定。

3 应分析深路堑的工程地质条件及边坡稳定性，评价工程建设场地的适宜性。

3.6.7 支挡工程初步勘察应符合下列规定：

1 应结合高路堤、陡坡路堤及深路堑等初步勘察工作进行，根据黄土地区场地的地形地质条件和支挡工程的类型、规模确定代表性勘探断面的数量和位置，基本查明支挡地段边坡及地基的工程地质条件。

2 每个勘探断面上勘探测试点的数量不应少于2个。勘探深度应至滑动面以下或支挡工程基底以下的稳定地层中3~5m。地下水发育或基底下有软弱层时，勘探深度应适当加深。

3 宜列表说明支挡路段的黄土地区工程地质条件，对边坡、基底的稳定性进行分析、评价；当列表不能说明工程地质条件时，可编写文字说明和图表。

3.6.8 初步勘察报告应包含下列内容：

1 全线文字说明：阐明沿线黄土的分布、地形地貌、地层层序、成因类型、土质分类、水文地质特征、工程地质条件、各类不良地质及其他特殊性岩土的分布、发展趋势及对公路工程的影响，提出各线路方案评价及比选意见，以及黄土地区的共性问题、重要构造物及地质条件复杂工点的工程措施建议。

2 分段路基或工点文字说明：对沿线路基工程地质条件可分段说明，按地貌单元、地层年代、成因类型、湿陷类型、湿陷等级、湿陷土层厚度、地下水、不良地质及其他特殊性岩土等工程地质条件及工程处理措施分段编写。对高路堤、陡坡路堤、深路堑等的边坡、基底的稳定性进行分析、评价。对支挡工程等构造物应阐明工点的地质和水文地质条件、湿陷土层厚度，评价工程场地的适宜性，重点评价湿陷性黄土场地的湿陷类型和湿陷等级，提出工程处理措施建议。

3 全线工程地质平面图：填绘黄土滑坡、错落、陷穴群等不良地质界线或类型符号，不同年代黄土地层的分界线，比例尺为1:2 000～1:10 000。

4 全线工程地质纵断面图：根据地质调绘及初勘成果，填绘黄土的地层岩性与层序构造花纹图例，或用文字与花纹相结合的方式绘制；地质特征栏应按地貌单元结合地层结构分段说明黄土的地层年代、成因类型、湿陷类型、湿陷等级和湿陷土层厚度、岩土施工分级、承载力基本容许值、桩侧土的摩阻力标准值等工程地质条件及工程处理措施建议；水平比例尺为1:2 000～1:10 000，垂直比例尺为1:100～1:1 000。

5 工点工程地质平面图：填绘黄土地层界线、地层年代、成因类型符号、湿陷性分区界线，各种不良地质界线和类型符号等，比例尺为1:500～1:2 000。

6 工点工程地质纵断面图：填绘黄土的类型、成因、地下水位线等，水平比例尺为1:500～1:2 000，垂直比例尺为1:100～1:1 000。

7 工点工程地质横断面图：填绘黄土的类型、成因、地下水位线，比例尺为1:50～1:500。

8 1:50～1:200钻孔或探井柱状图；岩土物理力学指标汇总表、水质分析资料；物探解释成果资料；附图、附表和照片等。

3.7 详细勘察

3.7.1 详细勘察应包括下列工作内容：

1 查明黄土地区公路沿线的水文地质及工程地质条件，为确定路线和沿线各类构筑物的具体位置提供地质依据。

2 查明各类支挡结构建设场地和路基的工程地质条件，为确定各类构筑物的结构类型、尺寸和地基基础的施工图设计提供地质资料。

3 查明黄土地区沿线不良地质的分布、类型、规模、诱因、发展趋势，为确定路线通过的位置或整治工程的施工图设计提供地质资料。

4 查明黄土及其他特殊性岩土的类型、分布范围、厚度、性质，为确定路线的位置或地基处置工程的施工图设计提供地质资料。

5 查明地表水的范围、动态变化规律，评估其对工程可能造成的影响。

6 查明地下水的类型、分布、埋藏条件及动态变化规律，评价环境水的腐蚀性。

7 查明沿线筑路材料的类别、料场位置、储量及开采条件。

8 工程地质条件复杂或较复杂，填挖变化较大的路段，应结合现场情况进行必要的补充工程地质调绘。

9 对各类支挡结构物建设场地的工程地质条件进行评价，分析存在的工程地质问题，提出工程地质意见和建议。

10 编制详细工程地质勘察报告。

3.7.2 一般路基详细勘察应符合下列规定：

1 路基勘探测试点宜沿路线中线布置，数量不应低于表3.7.2的规定。

表3.7.2 一般路基纵向勘探点布置数量

场地类别	公路等级	数量（个/km）
简单场地	高速公路、一级公路	2
	二级及二级以下公路	1
较复杂场地	高速公路、一级公路	4
	二级及二级以下公路	3
复杂场地	高速公路、一级公路	6
	二级及二级以下公路	5

2 应按沿线黄土地貌单元、地层年代、成因类型、土质分类进行黄土湿陷性评价，提供各层土的物理力学指标、与工程设计有关的地质参数，必要时进行边坡稳定性评价。

3.7.3 高路堤、陡坡路堤详细勘察应符合下列规定：

1 每段高路堤、陡坡路堤应在代表性位置布置横向勘探断面，断面数量不应低于表3.7.3的规定。

表3.7.3 高路堤、陡坡路堤横向勘探断面布置数量

场地类别	公路等级	数量（个）
简单场地	高速公路、一级公路	1
	二级及二级以下公路	(1)
较复杂场地	高速公路、一级公路	1～2
	二级及二级以下公路	1
复杂场地	高速公路、一级公路	2～3
	二级及二级以下公路	1～2

注："（ ）"表示视需要做。

2 每条横向勘探断面上的钻孔或探井数量，简单场地不应少于2个，较复杂场地不应少于3个，复杂场地不应少于4个。勘探深度应至稳定地层或持力层以下3m，并应满足沉降及稳定计算要求。

3 必要时应结合原位测试手段进行综合勘探。

4 分析评价高路堤、陡坡路堤沉降变形及稳定性。

3.7.4 深路堑详细勘察应符合下列规定：

1 每段深路堑应在代表性位置布置横向勘探断面，断面数量不应低于表3.7.4的规定。

表 3.7.4 深路堑横向勘探断面布置数量

场地类别	公路等级	数量（个）
简单场地	高速公路、一级公路	1
	二级及二级以下公路	(1)
较复杂场地	高速公路、一级公路	1~2
	二级及二级以下公路	1
复杂场地	高速公路、一级公路	2~3
	二级及二级以下公路	1~2

注："（　）"表示视需要做。

  2 每条横向勘探断面上的钻孔或探井数量，简单场地不应少于 2 个，较复杂场地不应少于 3 个，复杂场地不应少于 4 个。勘探深度应至设计高程以下的稳定地层中 3~5m。

  3 必要时应结合原位测试手段进行综合勘探。

  4 应对深路堑的稳定性进行工程地质评价。

3.7.5 支挡工程详细勘察应符合下列规定：

  1 应结合高路堤、陡坡路堤及深路堑等初步勘察工作进行，根据支挡地段的地形地质条件、支挡工程的类型和规模等确定勘探测试点的数量和位置。

  2 支挡工程的地基应采用挖探、钻探进行勘探，勘探点的数量不应少于 1 个。地质条件变化大时，宜结合物探进行综合勘探。勘探深度应达持力层以下的稳定地层中不小于 3m。

  3 对支挡路段的边坡进行稳定性分析计算时，应选择代表性位置布置横向勘探断面。每条横向勘探断面上的钻孔或探井数量，简单场地不应少于 2 个，较复杂场地不应少于 3 个，复杂场地不应少于 4 个。勘探深度应穿过滑动面至其下的稳定地层中不小于 1m。

  4 应按场地黄土地貌单元、地层年代、成因类型、土质分段进行黄土湿陷性评价，提供各层土的物理力学指标、与工程设计有关的地质参数，对支挡结构进行稳定性评价。

3.7.6 详细工程地质勘察报告应包含下列内容：

  1 全线文字说明：详细阐明沿线黄土的分布、地形地貌、地层划分、水文地质条件、各层土的物理力学指标、与各类工程设计有关的地质参数，黄土场地的湿陷类型和等级、湿陷土层厚度及分段情况，以及各类不良地质的稳定性评价和工程处理措施建议、施工注意事项等。

  2 分段路基或工点文字说明：在初勘基础上，结合详勘工作对初勘报告进行补充、完善。对沿线路基工程地质条件可分段说明：按地貌单元、地层年代、成因类型、湿陷

类型、湿陷等级、湿陷土层厚度、地下水等工程地质条件及工程处理措施分段编写。对高路堤和陡坡路堤的基底稳定性、深路堑的边坡稳定性进行分析、评价。对支挡工程等构造物应阐明工点的地质和水文地质条件、湿陷土层厚度，评价工程场地的适宜性，重点评价湿陷性黄土场地的湿陷类型和湿陷等级，提出工程处理措施建议。

3 全线工程地质平面图：在初勘的基础上，根据详勘成果对工程地质平面图进行补充、修正，填绘黄土滑坡、错落、陷穴群等不良地质界线或湿陷类型、等级符号，不同年代黄土地层的分界线，比例尺一般为1:2 000，必要时尚应提供比例尺为1:10 000的改线段工程地质平面图。

4 全线工程地质纵断面图：在初勘的基础上，根据详勘成果对工程地质纵断面图进行补充、修正，填绘黄土的地层岩性与层序构造花纹图例，或用文字与花纹相结合的方式绘制；地质特征栏应按地貌单元结合地层结构分段说明黄土的地层年代、成因类型、湿陷类型、湿陷等级和湿陷土层厚度、岩土施工分级、承载力基本容许值、桩侧土的摩阻力标准值等工程地质条件及工程处理措施建议；水平比例尺为1:2 000，垂直比例尺为1:50~1:500。

5 工点工程地质平面图：在初勘基础上，结合详勘工作对初勘报告进行补充、完善，填绘黄土地层界线、地层年代、成因类型符号、湿陷性分区界线，各种不良地质界线和类型符号等，比例尺为1:500~1:2 000。

6 工点工程地质纵断面图：在初勘基础上，结合详勘工作对初勘报告进行补充、完善，填绘黄土的类型、成因、地下水位线等，水平比例尺为1:500~1:2 000，垂直比例尺为1:100~1:1 000。

7 工点工程地质横断面图：在初勘基础上，结合详勘工作对初勘报告进行补充、完善，填绘黄土的类型、成因、地下水位线，比例尺为1:50~1:500。

8 1:50~1:200钻孔或探井柱状图；岩土物理力学指标汇总表、水质分析资料；物探解释成果资料；附图、附表和照片等。

4 地基处理

4.1 一般规定

4.1.1 应做好湿陷性黄土地基处理和黄土陷穴处理。地基处理应与加强防水相结合,做到防治并重。

4.1.2 湿陷性黄土地区的公路工程宜按表4.1.2-1的规定划分等级,并按下列规定确定地基处理深度:

1 甲类工程应消除地基的全部湿陷量,或采用桩基础穿透地表水、施工用水下渗影响范围内的湿陷性土层。

2 乙类工程地基最小处理深度应符合表4.1.2-2的规定。

表 4.1.2-1 公路工程等级划分

工程等级	划分标准
甲类	①二级及二级以上公路上的涵洞、通道、墙高大于6m的挡土墙; ②高速公路、一级公路上与桥台距离25m范围内的路基
乙类	除甲类、丙类以外的工程
丙类	三级及三级以下公路

表 4.1.2-2 湿陷性黄土地基最小处理深度 (m)

路基类型	湿陷等级与特征							
	经常积水或浸湿可能性大				季节性积水或浸湿可能性小			
	I	II	III	IV	I	II	III	IV
高度大于4m的路堤	2	3	4	6	1	2	3	5
零填、路堑、高度小于或等于4m的路堤	1	1.5	2	3	1	1.5	2	2.5

3 丙类工程当地基湿陷等级为Ⅰ~Ⅱ级时,可不进行处理。

条文说明

对非自重湿陷性黄土地基,消除其全部湿陷量的处理厚度,需将基础底面以下附加压力与上覆土体的饱和自重压力之和大于或等于湿陷起始压力的所有土层进行处理。对自重湿陷性黄土地基,消除其全部湿陷量的处理厚度要求穿透全部湿陷性黄土层。无论是非自重湿陷性黄土地基还是自重湿陷性黄土地基，湿陷性黄土层的厚度需与地表水或施工用水下渗影响深度相结合，即界定的湿陷性黄土层的厚度一般不大于地表水或施工用水下渗影响的最大深度。

消除湿陷性黄土地基的部分湿陷量，主要是处理湿陷性强烈（$\delta_s \geqslant 0.07$、$\delta_{zs} \geqslant 0.05$）和湿陷性中等（$\delta_s \geqslant 0.04$、$\delta_{sz} \geqslant 0.03$）的土层，但是对未处理的湿陷性黄土层的剩余湿陷量要求控制在0.15m之内。

4.1.3 湿陷性黄土地基的处理宽度，在路堤段应处理至坡脚排水沟外侧不小于1m，且距离坡脚不小于3m；在路堑段应为路基的断面宽度。小型构造物处的处理宽度应与相邻路基相同。

4.1.4 黄土软弱地基处理的设计与施工，应符合现行《公路软土地基路堤设计与施工技术细则》（JTG/T D31-02）的有关规定。

4.1.5 湿陷性黄土地基应与其上路基一起进行稳定性验算。桩基础地基稳定性验算时，滑动面上的抗剪强度应采用桩土复合抗剪强度，桩体抗剪强度可取桩体混凝土28d无侧限抗压强度的1/2。

4.1.6 湿陷性黄土地基处理设计，应按确定的设计方案编制特殊路基设计表，表中应包括地基处理路段的起讫桩号、路段长度、填挖类型与填高挖深、湿陷等级、处理方法及有关参数、处理方案的工程数量等内容。

4.1.7 黄土地基符合下列条件之一时，均可按一般土质进行处理：
1 地基湿陷量的计算值小于或等于50mm。
2 在非自重湿陷性黄土场地，地基内各土层的湿陷起始压力值，均大于其附加压力与上覆土体的饱和自重压力之和。

4.2 换填垫层法

4.2.1 换填垫层法可用于处理厚度3m以内的湿陷性黄土地基。当临近房屋建筑、结构物，其他处理方法受限时，宜采用换填垫层法。高速公路、一级公路宜采用石灰土垫层，二级及二级以下公路可采用石灰土垫层或素土垫层。当地基土的塑性指数小于7时，可采用水泥土垫层。

4.2.2 对高速公路、一级公路，当采用石灰土垫层的厚度大于1.5m时，可采用上下垫层法，即下部和上部各0.5m范围采用石灰土垫层，中间采用素土垫层。二级及二级以下公路，当素土垫层厚度大于2m，且含水率大于或接近最佳含水率时，垫层底部应设置0.5m厚的石灰土垫层。

4.2.3 换填垫层用作小型构造物的基础时,垫层的厚度宜根据构造物的要求确定,并符合式(4.2.3-1)~式(4.2.3-3)的要求:

$$p_z + p_{cz} \leqslant f_{ak} \tag{4.2.3-1}$$

$$p_z = \frac{b(p_k - p_c)}{b + 2z\tan\theta} (条形基础) \tag{4.2.3-2}$$

$$p_z = \frac{bl(p_k - p_c)}{(b + 2z\tan\theta)(l + 2z\tan\theta)} (矩形基础) \tag{4.2.3-3}$$

式中:p_z——相应于荷载效应标准组合时,垫层底面处的附加压力(kPa);
　　　p_{cz}——垫层底面土的自重压力(kPa);
　　　f_{ak}——垫层底面经深度修正后的地基承载力特征值(kPa);
　　　b——矩形基础或条形基础底面的宽度(m);
　　　l——矩形基础底面的长度(m);
　　　p_k——相应于荷载效应标准组合时,基础底面的平均压力(kPa);
　　　p_c——基础底面土的自重压力(kPa);
　　　z——基础底面下垫层的厚度(m);
　　　θ——垫层的压力扩散角(°),石灰土垫层可取28°。

条文说明

荷载效应组合参照《建筑结构荷载规范》(GB 50009—2012)执行;垫层底面经深度修正后的地基承载力特征值按照《湿陷性黄土地区建筑规范》(GB 50025—2004)的有关规定计算。

4.2.4 垫层底面的宽度 b' 应满足基础底面压力扩散的要求,可按式(4.2.4)确定:

$$b' \geqslant b + 2z\tan\theta \tag{4.2.4}$$

4.2.5 垫层的承载力宜通过现场载荷试验确定,并应进行下卧层承载力的验算。

4.2.6 石灰土垫层的石灰剂量,其质量比对消石灰宜为8%,对磨细生石灰宜为6%。土料宜采用塑性指数7~15的黏质土,不应含有有机质。土块粒径不宜大于15mm。石灰中 $CaO + MgO$ 含量不应低于55%,宜采用Ⅲ级钙质消石灰或Ⅱ级镁质消石灰。

4.2.7 水泥土垫层的水泥剂量,其质量比宜为4%~5%,宜选用强度等级为32.5级的普通硅酸盐水泥。

条文说明 4.2.6~4.2.7

石灰剂量、水泥剂量分别为石灰质量、水泥质量占土料质量的百分比。

4.2.8 素土垫层的土料中有机质含量不应超过5%,不应夹有砖块、瓦砾和石块。

4.2.9 垫层施工应符合下列规定:
1 施工前应先施作排水设施,施工现场应防止积水。当垫层底部存在洞穴或旧基础时,应用石灰土分层填实或挖除旧基础后用石灰土分层填实。
2 垫层分层摊铺碾压的厚度不宜大于0.3m,每层压实遍数宜通过试验确定。
3 垫层验收合格后,应及时填筑路堤或作临时遮盖,防止日晒雨淋。

4.2.10 施工质量检验方法与标准应符合下列规定:
1 垫层填筑压实施工过程中,每填筑压实一层,应及时测定压实度,压实度应满足路基相应层位的要求值,检测频率应符合现行《公路工程质量检验评价标准 第一册 土建工程》(JTG F80/1)的有关规定。
2 换填垫层用作小型构造物的基础时,应检测垫层承载力。测点数量,每个独立工点或分项工程不应少于3处。承载力应满足设计要求。

4.3 冲击碾压法

4.3.1 冲击碾压法可用于处理湿陷等级为Ⅰ~Ⅱ级的非自重湿陷性黄土地基,以及零填和高度小于4m的路堤下的Ⅱ级自重湿陷性黄土地基;地基土的含水率宜为10%~22%。湿陷性黄土处理厚度宜为0.5~1.0m,不宜超过1.5m。

4.3.2 冲击碾压法的有效加固深度应根据冲击压路机现场碾压试验或当地经验确定,缺少资料时可按式(4.3.2)估算。

$$D = \alpha \sqrt{\frac{mgh}{10}} \quad (4.3.2)$$

式中:D——有效加固深度(m);
m——冲击轮的质量(t);
g——重力加速度常数(9.81m/s²);
h——冲击轮外半径与内半径之差(m);
α——修正系数,可取0.7。

条文说明

采用冲击压路机对湿陷性黄土地基进行处理,在宁夏、青海、甘肃、陕西、山西、河南、河北等地均进行过立项研究。众多研究成果和工程实例分析表明,25kJ三边形冲击压路机的有效影响深度(使土体压实度增大1%的最大深度)约为1.4m,可有效地消除1.1m深度范围内土体的湿陷性;20kJ三边形冲击压路机的有效影响深度约为1.1m。冲击碾压法浅层处理效果明显,但不能提高深层地基的承载力。

冲击压路机由大功率牵引机和压实轮组成,压实轮有三边、四边、五边和六边形等形状以及实体、空体及可填充式等类型,冲击能量以25kJ为基本型号,还有15kJ、20kJ、30kJ等。

4.3.3 设计应查明冲击碾压范围内的各种构造物,并应根据构造物的类型制定相应的保护措施。冲击碾压与构造物的最小水平安全距离应符合表4.3.3的规定。

表4.3.3 冲击碾压与构造物的最小水平安全距离

构造物类型	最小水平安全距离(m)
U形桥台和涵洞通道	距桥台翼墙端或涵洞通道:5
其余类型桥台	10
重力式挡墙	距墙背内侧:2
扶壁(悬臂)式挡墙	距扶壁(悬臂)内侧:2.5
导线点、水准点、电线杆	10
互通式立交桥梁	10
房屋建筑	30

4.3.4 对不符合表4.3.3安全距离要求但又需施工的路段,可采取下列措施:
1 开挖宽0.5m、深1.5m左右的隔振沟进行隔振。
2 降低冲击压路机的行驶速度,增加冲击碾压遍数。

4.3.5 冲击碾压施工前应选择代表性路段进行碾压试验,确定冲击压路机型号、施工工艺参数、质量检验方法与标准。试验路段的直线段长度不宜小于200m。

4.3.6 冲击碾压处理湿陷性黄土地基施工应符合下列规定:
1 冲击碾压前应先用平地机将原地面大致整平,再用钢轮压路机静压或振压将地表适当压实。
2 冲击碾压宜采用排压法,纵横向轮迹交错,纵向相错1/6轮轴距,横向轴缘相互重叠20~30cm。
3 冲击碾压处理的最短施工长度不应小于100m,场地宽度应满足保证冲击碾压速度的要求。

4 地基土的天然含水率应控制为最佳含水率±3%，天然含水率较高时应在晾晒后冲击碾压，天然含水率较低时应补充洒水后冲击碾压。

5 冲击碾压过程中应对沉降值、压实度、湿陷系数进行测试，及时掌握压实效果。

6 冲击碾压工序完成后，应采用平地机进行初步整平，再用钢轮压路机振动碾压1~2遍，并进行压实收光。

条文说明

冲击压路机的行驶速度需适当，一般为10~13km/h。过快的行驶速度会使冲击轮蹦离地面，与地面的接触时间短，不利于冲击力的传播与土体压实，也容易损坏机械；速度过慢，则冲击能量太小，压实效果不好。

4.3.7 施工质量检验方法与标准应符合下列规定：

1 施工结束后7~14d内，按1处/2 000m²的抽检频率，在设计处理深度内每隔0.5m取1~2个土样进行室内试验，测定土的压实度、压缩系数和湿陷系数。

2 施工结束后15~30d，可采用载荷试验、标准贯入试验、瞬态瑞利波法或钻孔取样试验等方法检验地基土的强度变化情况，评价冲击碾压的效果。载荷试验的频率应按1处/3 000m²控制，且不应少于3处；其他方法的检测频率可适当增大。

4.4 强夯法

4.4.1 强夯法可用于处理各湿陷等级的湿陷性黄土地基。适宜处理的湿陷性土层厚度宜为3~6m，不宜超过8m。

4.4.2 强夯法的有效处理深度应根据试夯测试结果或当地经验确定。当初步设计缺少相关资料时，强夯法的有效处理深度可按表4.4.2中所列的相应单击夯击能估算。

表4.4.2 强夯法的有效处理深度（m）

单击夯击能(kN·m)	全新世(Q_4)黄土、晚更新世(Q_3)黄土	中更新世(Q_2)黄土
1 000~2 000	3.0~5.0	—
2 000~3 000	5.0~6.0	—
3 000~4 000	6.0~7.0	—
4 000~5 000	7.0~8.0	—
5 000~6 000	8.0~9.0	7.0~8.0
7 000~8 500	9.0~12.0	8.0~10.0

注：1. 对应栏内，单击夯击能小的取小值，单击夯击能大的取大值。
2. 强夯法的有效处理深度系指可有效地消除土体湿陷性的深度范围，应从最初起夯面算起。

4.4.3 设计应查明夯点距离周围房屋建筑的最小水平安全距离,可参考表4.4.3确定。当施工场地不满足安全距离要求时,应在需要减振的方向开挖减振沟。减振沟深度不应小于2m。

表4.4.3 强夯施工最小水平安全距离参考值

单击夯击能(kN·m)	最小水平安全距离(m)	单击夯击能(kN·m)	最小水平安全距离(m)
1 000~2 000	40	6 000	70
3 000	50	7 000	75
4 000	60	8 000	85
5 000	65	—	—

条文说明

安全距离与振动引起的地表水平振动速度峰值有关,一般将速度峰值小于5cm/s作为破坏界限,将速度峰值小于或等于2cm/s作为安全界限。表4.4.3是根据安全界限确定的,其中单击夯击能超过4 000kN·m的工程应用偏少,注意结合试夯确定。此外,房屋建筑受振动影响的损坏程度,还与房屋建筑的坚固程度有关,实际工程中需结合建筑材料类型、建造年限等因素综合考虑施工安全距离。

4.4.4 强夯夯锤可采用钢筋混凝土锤或铸钢锤,夯锤上宜设置2~4个上下贯通的透气孔。单击夯击能4 000kN·m以下采用的夯锤底面直径宜为2.5m;单击夯击能5 000kN·m以上采用的夯锤底面直径宜为3.0m。在单击夯击能不变的条件下,宜采用重锤、低落距。

4.4.5 起吊夯锤用的机械设备宜选用履带式起重机,可在吊臂两侧辅以门架,提高起重能力和安全性。

4.4.6 强夯施工前应在代表性路段选取试夯区进行试夯,确定夯击方案、单击夯击能、夯击次数、夯击遍数、间歇时间等参数。每个试夯区场地面积不应小于500m^2。

4.4.7 强夯处理地基土的含水率宜在8%~24%之间。当含水率过高或过低时,可采取下列处理措施:
1 含水率小于8%时,可洛阳铲等成孔注水润湿土体,待3~7d后进行施工。
2 含水率大于24%时,可通过晾晒待含水率降低后再行施工。

4.4.8 强夯施工过程中,当土体难以压实时,可挖开晾晒、换土或填入适当厚度的砾石、片石夯击。

4.4.9 强夯施工应符合下列规定:

1 夯点宜按正方形或等边三角形布置,夯点中心距可取夯锤直径的1.2~2.0倍。

2 强夯宜分为主夯、副夯、满夯三遍实施。第一遍主夯完成后,第二遍的副夯点应在主夯点中间穿插布置;副夯点与主夯点的布置间距及单击夯击能应相同。满夯夯点应采用彼此搭接1/4连续夯击;满夯单击夯击能可采用主夯单击夯击能的1/2~1/3。

3 两遍夯击之间宜有一定的时间间歇,间歇时间根据试夯结果确定。

4 强夯夯点的夯击次数,应按试夯得到的夯击次数和夯沉量关系曲线确定,并应满足下列要求:

1) 当单击夯击能小于2 000kN·m时,最后两击的平均夯沉量不宜大于50mm;当单击夯击能为2 000~4 000kN·m时,最后两击的平均夯沉量不宜大于100mm;当单击夯击能大于4 000kN·m时,最后两击的平均夯沉量不宜大于200mm。最后一击的夯沉量应小于上一击的夯沉量。

2) 夯坑周围地面不应发生过大的隆起。

3) 夯坑不应过深而造成提锤困难。

条文说明

两遍夯击之间间歇时间的长短与土的粒径、含水率、夯点间距、拟处理土层的厚度等因素有关。单从土性上来讲,低液限黏土一般考虑7~14d,低液限粉土一般考虑3~7d,砂土一般考虑1~3d。由于稍湿(饱和度≤50%)的湿陷性黄土没有或有很少自由水,在夯击过程中不存在孔隙水压力消散的问题,因此试夯两遍之间可以不间歇施工。

4.4.10 施工质量检验方法与标准应符合下列规定:

1 施工结束后7~14d,按1处/2 000m^2的抽检频率,在设计处理深度内每隔0.5m取1~2个土样进行室内试验,测定土的压实度、压缩系数和湿陷系数。

2 施工结束后15~30d,可采用载荷试验、标准贯入试验、瞬态瑞利波法或探井取样试验等方法检验地基土的强度变化情况,评价强夯的效果。载荷试验的频率应按1处/3 000m^2控制,且不应少于3处;其他方法的检测频率可适当增大。

4.5 挤密桩法

4.5.1 挤密桩法可用于处理湿陷等级为Ⅱ~Ⅳ级的自重湿陷性黄土地基。适宜处理的湿陷性黄土层厚度宜为5~12m,不宜超过15m。挤密桩法宜在下列情况下采用:

1 桥台、台后及高挡墙(高度≥6m)基底湿陷性黄土地基处理。

2 采用强夯法对附近房屋建筑、构造物或其他设施造成影响,且不便采取减(隔)振措施。

3 路线处于黄土冲沟,强夯等大型机械作业困难或强夯施工对自然边坡稳定性构成威胁。

4.5.2 高速公路、一级公路的湿陷性黄土地基处理宜采用石灰土挤密桩或干拌水泥碎石挤密桩；其他等级公路可采用石灰土挤密桩或素土挤密桩。

4.5.3 挤密桩的处理宽度除应符合本规范第4.1.3条的规定外，其宽度范围尚应按图4.5.3所示计算，即宽度以最外一排桩之外桩径的一半为界。

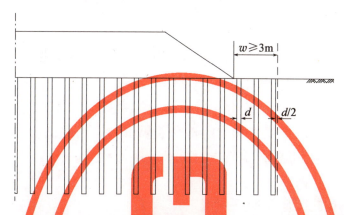

图4.5.3 挤密桩布置范围示意图
d-桩径；w-超出路堤坡脚的宽度

4.5.4 挤密桩的中心间距S，应按桩间土得到有效挤密的原则确定，可按式(4.5.4)估算，宜为桩孔直径的2.0～2.5倍。

$$S = \beta \sqrt{\frac{\bar{\rho}_{dc} D^2 - \bar{\rho}_{d0} d^2}{\bar{\rho}_{dc} - \bar{\rho}_{d0}}} \qquad (4.5.4)$$

式中：D——挤密填料孔直径（m）；

d——预钻孔直径（m），无预钻孔时取0；

β——桩位在平面上呈正三角形布置时$\beta=0.952$，呈正方形布置时$\beta=0.886$；

$\bar{\rho}_{d0}$——处理前地基土受力层范围内，各层土的干密度按厚度加权计算的平均值（g/cm³）；

$\bar{\rho}_{dc}$——桩间土挤密后的平均干密度（g/cm³），$\bar{\rho}_{dc} = \bar{\eta}_c \rho_{dmax}$；

ρ_{dmax}——桩间土的最大干密度（g/cm³），由室内重型击实试验确定；

$\bar{\eta}_c$——桩间土挤密后的平均挤密系数，不宜小于0.90。

4.5.5 当挤密处理深度在12m以内时，不宜预钻孔，挤密孔直径宜为0.35～0.45m；当挤密处理深度超过12m时，可预钻孔，预钻孔直径宜为0.25～0.30m，夯扩挤密后成桩的直径宜为0.50～0.60m。干拌水泥碎石挤密桩的成桩直径不宜大于0.30m。

条文说明

因为预钻孔夯扩挤密法成桩比沉管挤密法成桩多出预钻孔体积的取土量，在挤密处理效果相同的条件下，前者需要的孔内填料量比后者多。当要求的处理深度不太大时，沉管挤密法成桩更加经济。预钻孔夯扩挤密法的优点是施工噪声低，振动影响小，能减小长桩施工长时间振动对周围的影响。

4.5.6　挤密桩的桩顶，应设置一层厚度为0.3~0.5m的石灰土垫层，掺灰量宜为6%~8%。

4.5.7　当地基土的含水率低于12%，或土质坚硬成孔挤密困难，影响挤密效果时，可对处理范围内的土层采取预浸水增湿措施。

4.5.8　施工前应进行成桩工艺和成桩挤密效果试验。当成桩质量达不到设计要求时，应对设计与施工参数进行调整，重新进行试验或改变设计。

4.5.9　沉管法成孔施工应符合下列规定：
　　1　桩管宜选用壁厚不小于10mm的钢管，应在管壁上每隔0.5m清晰设置观测入土深度的标识。
　　2　沉管初始阶段，宜采用低锤轻击。当桩管沉入深度超过1m，方向垂直且稳定后，再加大落距，直至桩管下沉到设计的深度。
　　3　成孔后应检测成孔的直径、深度是否符合设计要求。当发现缩径等问题时，应及时采取措施处理。

4.5.10　预钻孔法成孔施工应符合下列规定：
　　1　钻孔机械可采用螺旋钻、机动洛阳铲、钻斗等，钻杆上应有明显的深度标识。
　　2　钻进过程中，当出现钻杆跳动、机架明显晃动或无法进尺等异常情况时，应停机检查是否遇到石块、砖砌体等地下障碍物。在排除障碍物之后再继续施工。
　　3　钻进到达设计深度后，应保持在该深度处空转清土，然后停止回转，提升钻杆至孔外卸土。采用钻斗钻机时，钻进到达设计深度后即可停钻，直接提升钻杆至孔外卸土。

4.5.11　桩孔夯填施工应符合下列规定：
　　1　石灰土挤密桩桩孔内所填石灰土掺灰量宜为10%~12%。石灰应采用消石灰，不得采用生石灰。石灰中CaO+MgO含量不应低于55%，宜采用Ⅲ级钙质消石灰或Ⅱ级镁质消石灰。
　　2　干拌水泥碎石挤密桩桩孔内所填水泥碎石的配合比宜为水泥：石屑：碎石＝1.0:2.6:3.3。水泥宜采用P.O 42.5R；石屑粒径宜为0~5mm；碎石粒径宜为5~20mm，其含泥量不应大于5%。
　　3　素土挤密桩桩孔内所填土料宜采用塑性指数7~15的黏质土，土料中有机质含量不应超过5%，亦不应夹有砖块、瓦砾和石块。

4 沉管法成孔回填的夯实机宜采用锤质量0.2t以上的夯锤，分层夯填之后的桩体压实度不宜小于93%；预钻孔法成孔夯扩回填的夯实机应采用锤质量1.0t以上的夯锤，分层夯填之后的桩体压实度不宜小于93%，夯扩后的桩径应达到设计要求。

5 开始填料前，应将孔底夯实。

6 填料应严格按规定的数量对称均衡地填入桩孔，并按规定的落距进行夯击，待夯击达到规定的次数后，方可进行下一层填料。不得边填料、边夯击施工。

4.5.12 施工质量检验方法与标准应符合下列规定：

1 施工单位应及时抽检孔内填料的压实质量，抽检频率应为总孔数的2%，且每个台班不应少于1孔。自桩顶向下0.5m起，宜每1m取2个土样测定干密度，计算本层填料的压实度平均值λ_{ci}，按式（4.5.12-1）计算出全桩长（n层）的平均压实度$\bar{\lambda}_c$。取样点的位置应在距离孔心2/3孔半径处。

$$\bar{\lambda}_c = \frac{\sum_{i=1}^{n} \lambda_{ci}}{n} \qquad (4.5.12\text{-}1)$$

2 全部桩孔填料施工结束后，质检部门应按总孔数的1%，且总计不应少于9孔，进行填料的压实质量检测。取样点要求同上。同时应进行桩间土挤密效果检测，检测孔数量应为总桩孔数的0.3%，且不应少于3孔。自桩顶高程向下0.5m起，在检测孔中宜每1m取2个土样（桩孔外100mm处1个、相邻桩中心点1个）测定干密度，计算该层土的挤密系数平均值η_{ci}。桩长小于或等于6m时，全部深度内取样点不应少于10点（5层）；桩长大于6m时，全部深度内取样点不应少于12点（6层）。按式（4.5.12-2）计算全处理厚度内（n层）桩间土的平均挤密系数$\bar{\eta}_c$。

$$\bar{\eta}_c = \frac{\sum_{i=1}^{n} \eta_{ci}}{n} \qquad (4.5.12\text{-}2)$$

3 当设计对地基承载力有具体要求时，对素土桩应在成桩后7~14d，对石灰土桩、水泥碎石桩应在成桩后14~28d进行单桩或多桩复合地基载荷试验，确定复合地基承载力特征值。载荷试验检测频率应为总桩数的0.2%~0.5%，且不应少于3处。

4 当桩孔填料压实质量、桩间土挤密效果检验不合格时，应进行单桩或多桩复合地基现场浸水载荷试验，以综合判断处理后消除地基湿陷性的实际效果。当在承载力特征值压力下进行浸水时，可将浸水沉陷稳定后承压板的沉陷量与其直径或宽度的比值小于0.015，作为判断处理后是否消除地基湿陷性的标准。现场浸水载荷试验不宜少于3处。

条文说明

施工过程中对桩孔填料压实质量的检测取样，一般采用长把小环刀直接在桩孔中从夯填层取样，或在夯填成桩之后（石灰土桩不超过成桩后48h，水泥碎石桩不适宜）用洛阳铲沿桩长分段挖孔，采用长把小环刀取样。质检部门检测一般采用开挖探井取样，可与桩间土挤密效果检测的探井合并进行。检测开挖的探井，在取样结束之后需分层回填夯实，压实度不小于90%。

4.6 桩基础法

4.6.1 桩基础法适用于人工构造物基底湿陷性黄土层处理，对地基受水浸湿可能性大的桥头路堤段亦可采用。桩体应穿过全部湿陷性黄土层，桩尖应位于坚实的非湿陷性土层中；桩长宜在15m以上。具体可选用桩的种类见表4.6.1。

表4.6.1 桩基础的桩类选择

序号	桩 类		桩径（扩底端直径）（mm）	非自重湿陷性黄土	自重湿陷性黄土
1	非挤土成桩干作业	长螺旋钻孔灌注桩	300~800	○	△
2		短螺旋钻孔灌注桩	300~800	○	×
3		钻孔扩底灌注桩	300~600（800~1 200）	○	△
4		机动洛阳铲成孔灌注桩	300~500	○	△
5		人工挖孔扩底灌注桩	800~2 000（1 600~3 000）	○	○
6	非挤土成桩泥浆护壁	反循环钻成孔灌注桩	600~1 200	○	○
7		正循环钻成孔灌注桩	600~1 200	○	○
8		旋挖成孔灌注桩	600~1 200	○	○
9		钻孔扩底灌注桩	600~1 200（1 000~1 600）	○	○
10	部分挤土成桩灌注桩	长螺旋钻孔压灌桩	300~800	○	○
11		钻孔挤扩多支盘桩	700~900（1 200~1 600）	○	○
12	部分挤土成桩预制桩	预钻孔打入式预制桩	500	○	○
13		静压混凝土（预应力混凝土）敞口管桩	800	○	○
14		敞口钢管桩	600~900	○	○
15	挤土成桩预制桩	打入式混凝土预制桩	500×500	○	○
16		闭口钢管桩、混凝土管桩	1 000	○	○
17		静压桩	1 000	○	△

注：表中符号○表示比较合适；△表示有可能采用；×表示不宜采用。

条文说明

桩底端落在基岩上时，采用端承桩；桩底端落在卵石、密实的砂类土以及饱和状态下坚硬（液性指数小于0）的黏质土层上时，采用以端承力为主的摩擦端承桩。灌注桩进入坚实土层的深度一般为0.10~0.25m；预制桩进入坚实土层的深度一般为0.15~0.30m。

4.6.2 桩基础的单桩竖向承载力特征值R_a，应在现场通过单桩竖向承载力静载荷浸水试验测定的结果确定。当试验有困难时，可按式（4.6.2）估算。

$$R_a = q_{pa}A_p + uq_{sa}(l-Z) - u\bar{q}_{sa}Z \tag{4.6.2}$$

式中：q_{pa}——桩端土的承载力特征值（kPa），应按饱和状态下的土性指标确定；
A_p——桩端横截面面积（m²），对扩底桩，取扩底截面面积；
u——桩身周长（m）；
q_{sa}——桩周土的平均摩擦力特征值（kPa），应按饱和状态下的土性指标确定；
$\bar{q}_{sa}$——桩周土的平均负摩擦力特征值（kPa），可按5m桩长范围考虑；
l——桩身总长度（m）；
Z——自重湿陷性黄土层中的桩身长度（m）。

条文说明

单桩竖向承载力静载荷浸水试验在试坑内进行。对非自重湿陷性黄土场地，试坑平面尺寸（边长或直径）一般不小于3m，深度不小于0.5m，坑底铺设0.10~0.15m的滤水层。为了加速水的渗透，预先在坑内设置渗水砂井，井深达到试桩的底部。在浸水期间，坑内水头高度一般不小于0.3m。

对自重湿陷性黄土场地，试坑平面尺寸（边长或直径）一般不小于湿陷性黄土层的厚度，并不小于10m，以便桩周土体在浸水后自重湿陷能充分发生，从而直接求得桩在上部荷载和负摩擦力共同作用下的下沉。

试桩浸水后的附加下沉一般用水准仪观测，浸水一直进行到下沉稳定时为止。下沉稳定的标准为每昼夜下沉量不大于1mm。

4.6.3 桩周土的平均负摩擦力特征值应由现场单桩竖向承载力静载荷浸水试验测定。当试验有困难时，可按表4.6.3中的数值估算。

表4.6.3 桩周土平均负摩擦力特征值

自重湿陷量的计算值（mm）	桩周土平均负摩擦力特征值（kPa）	
	钻孔灌注桩、挖孔灌注桩	预制桩
70~200	10	15
>200	15	20

4.6.4 对自重湿陷量计算值小于50mm的非自重湿陷性黄土场地，单桩竖向承载力

的计算应计入湿陷性黄土层内的桩长按饱和状态下的桩侧正摩擦力；在自重湿陷性黄土场地，除不计自重湿陷性黄土层内的桩长按饱和状态下的桩侧正摩擦力外，尚应考虑桩侧的负摩擦力。

4.6.5 为提高桩基的竖向承载力，可采取下列措施减小负摩擦力：
1 在自重湿陷性黄土层中，采用非挤土桩，如钻孔灌注桩、人工挖孔灌注桩。
2 对位于中性点以上的桩侧表面进行处理，如涂沥青。
3 设置灰土垫层置换桩头端0.5~1.0m湿陷性黄土。

4.6.6 位于陇西地区、陇东—陕北—晋西地区的自重湿陷性黄土场地，桩的纵向钢筋长度应沿桩身通长配置；其他地区的自重湿陷性黄土场地，桩的纵向钢筋长度不应小于自重湿陷性黄土层的厚度。

4.6.7 人工构造物基础下的桩基设计可参照现行《建筑桩基技术规范》(JGJ 94)和《公路桥涵地基与基础设计规范》(JTG D63)的有关规定执行。

4.6.8 路堤下的桩基应按复合地基设计，并应符合下列规定：
1 单桩可按正方形或等边三角形布置，桩间距宜为4~5倍的桩径；采用扩底灌注桩时，桩间距宜为1.5~1.8倍的扩大头直径。横向布置宽度应保证路堤坡脚外至少一根桩。
2 桩顶宜设置圆形或正方形桩帽。桩帽直径或边长宜为1.0~1.5m，厚度宜为0.3~0.4m，宜采用C20~C30水泥混凝土现场浇筑而成。桩顶进入桩帽长度不宜小于50mm。
3 桩帽顶应设置一层厚度0.3~0.5m的加筋石灰土垫层，掺灰量宜为6%~8%；加筋体采用上、下两层双向土工格栅，应变5%时土工格栅的双向拉伸强度不宜低于80kN/m。
4 复合地基的沉降和稳定计算可参照《公路软土地基路堤设计与施工技术细则》(JTG/T D31-02—2013)刚性桩的有关规定执行。

条文说明

加筋石灰土垫层的工作阶段分为整体工作阶段、带裂工作阶段和破坏阶段。由于石灰土的抗拉强度较低，一般情况下都是处于带裂工作阶段的，所以垫层中设置加筋体很有必要。此外，由于桩顶部位垫层的上部受拉、下部受压，桩间垫层则为上部受压、下部受拉，为承受相应部位的拉应力，通长设置上、下两层加筋体。对土工格栅5%应变时的强度要求，是为了保证在变形小的情况下充分发挥筋材的作用。

4.6.9 桩体的施工工艺与桩的种类有关，可参照现行《建筑桩基技术规范》

（JGJ 94）和《公路桥涵施工技术规范》（JTG/T F50）的有关规定执行。

4.6.10 桩顶石灰土垫层内土工格栅铺设时应人工拉紧，端头应固定或回折锚固。土工格栅宜采用搭接法连接，横向搭接宽度不应小于50mm，纵向搭接宽度不应小于200mm；搭接处采用聚乙烯扎扣或铁丝绑扎，绑扎点间距不应超过200mm。

4.6.11 土工格栅铺设后应及时用石灰土覆盖，上料间隔时间不得超过48h。宜采用后卸式载货汽车沿土工格栅两侧边缘倾卸上料，待形成上料的交通便道之后，再向前推进。

4.6.12 施工质量检验方法与标准应符合下列规定：

1 检验内容应包括检查施工记录、桩体质量、桩数、桩位偏差、桩帽质量、土工格栅铺设质量、垫层厚度以及承载力等。

2 桩体质量检验的具体项目和标准要求与桩的种类有关，可参照现行《建筑桩基技术规范》（JGJ 94）的有关规定执行；抽检频率可参照现行《建筑基桩检测技术规范》（JGJ 106）确定，其中灌注桩桩体完整性宜采用低应变法检测，抽检频率不应少于总桩数的10%。对端承型大直径灌注桩，应在10%的范围内采用钻芯法或声波透射法对部分受检桩的桩体完整性进行检测。

3 对桩帽质量，应检验轴线偏位、平面尺寸、厚度、混凝土强度等，抽检频率应为桩帽数量的2%。

4 桩基土工格栅强度应满足设计要求，工地抽检频率应按所购材料的批次进行，每批抽检1次；如果每批大于5 000m^2，则以5 000m^{2}为一批。土工格栅外观应无破损、无老化、无褶皱，搭接宽度符合设计要求；对搭接宽度，按搭接点数的2%抽检。

5 单桩承载力检测对灌注桩应在成桩28d后进行，对预制桩应在成桩15d后进行，抽检频率应为总桩数的0.2%～0.5%，且不应少于3根。对施工前试桩，承载力检测不宜少于3根桩。

条文说明

考虑到公路工程建设规模远比一般工民建工程的规模大，根据工程实践经验，为降低检测费用，缩短检测周期，桩体完整性和单桩承载力的抽检频率均予以降低。此外，由于刚性桩承担了大部分荷载，桩间土所承担的荷载较少，所以一般不进行单桩复合地基承载力试验；可将单桩承载力换算成单桩复合地基承载力。

4.7 黄土陷穴处理

4.7.1 对危及路基安全的黄土陷穴，应根据其埋藏深度和大小选用适当的方法进行处理。常用处理方法可参考表4.7.1选用。

表 4.7.1 黄土陷穴处理方法

处理方法	适用条件	处理方法	适用条件
回填夯实	明陷穴	注浆或爆破回填	陷穴埋藏深度大于 6m
明挖回填夯实	陷穴埋藏深度小于或等于 3m	灌砂	陷穴埋藏深度小于或等于 3m,直径小于或等于 2m,洞身较直
开挖导洞或竖井回填夯实	陷穴埋藏深度大于 3m、小于或等于 6m	—	—

注：1. 回填夯实的压实度应达到 95% 以上。
　　2. 采用灌砂法处理时，在距离地表 0.5m 范围内应采用 6%~8% 石灰土回填，以防地表水下渗。

4.7.2 黄土陷穴的处理范围，宜控制在路堤或路堑边坡上侧 80m、下侧 50m 范围内。

4.7.3 应对黄土陷穴采取下列预防措施：
  1 对流向陷穴的地表水，采取拦截引排措施。
  2 对路堑顶的裂缝和积水洼地，填平夯实，防止雨水下渗。
  3 对斜坡上的路堤，做好上侧的排水工程，并填平夯实积水洼地。
  4 夯实表面土层，或覆盖不透水黏土封闭，或在坡面植树植草防护。

5 路基设计

5.1 一般规定

5.1.1 路基设计应在查明黄土分布范围、厚度及其变化规律，沿线黄土的成因类型和地层特征，路线所处的地貌单元及地表水、地下水等情况，黄土的物理、力学性质和湿陷性的基础上进行。

5.1.2 路线通过黄土塬、梁、峁地区，应远离其边缘，并避开有滑坡、崩塌、陷穴群、冲沟发育、地下水出露的塬梁边缘和斜坡地段。当必须通过时，应采取切实可行的工程措施。路线宜设在湿陷性轻微、湿陷土层较薄、排水条件较好的地段。

5.1.3 路线通过冲沟沟头时，应分析冲沟的成因及其发展趋势。当冲沟正在继续发展并危及路基稳定时，应采取排水及防护措施，防止冲沟溯源侵蚀。

5.1.4 路基填料采用黄土时，填料的强度、压实度、路床顶面的回弹模量应符合现行《公路路基设计规范》（JTG D30）的有关规定。当达不到要求时，应采取处理措施。

5.1.5 路基防护应建立在坡体整体稳定的基础上，综合考虑边坡几何设计和排水设计，因地制宜地采取防护措施。

5.1.6 路基支挡设计应满足在各种设计荷载组合下结构的稳定性、坚固性和耐久性；结构类型选择及其设置位置应安全可靠、经济合理、便于施工养护；结构材料应符合耐久、耐腐蚀的要求。

5.1.7 黄土地区路基排水设计应遵循拦截、分散、疏导，且早接远送的原则，合理设置封闭、防冲刷、防渗漏和有利于水土保持的综合排水设施，并妥善处理农田水利设施与路基的相互干扰。

5.1.8 路基防护、支挡、排水等构造物所采用圬工材料的强度应满足本规范附录C的要求。

5.1.9 黄土高路堤、陡坡路堤、深路堑设计应贯穿动态设计的思想，结合施工中的动态观测资料，收集影响设计的各种因素及变化情况，及时制订相应方案。

5.2 一般路基设计

5.2.1 对填方高度小于0.8m或1.2m的路堤、零填及路堑，应根据地下水位、毛细水影响、地基土条件等，采取必要的翻挖压实、掺灰改良等处理措施。

条文说明

　　填方高度小于0.8m适用于轻、中等及重交通；填方高度小于1.2m适用于特重、极重交通。

5.2.2 当路堤边坡高度不大于30m时，路堤的边坡形式及边坡坡率可按表5.2.2选用。边坡形式简图如图5.2.2所示。年平均降水量大于500mm的地区宜采用阶梯形断面，并在边坡中部设置宽度为2～3m的平台。平台上应设截水沟，并采取防渗加固处理。

表5.2.2 黄土路堤边坡形式及边坡坡率

边坡形式	第一级边坡坡率		
	$H \leqslant 10m$	$10m < H \leqslant 20m$	$20m < H \leqslant 30m$
折线形	1:1.5	1:1.75	1:2.0
阶梯形	1:1.5	1:1.75	1:1.75

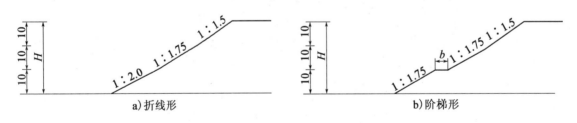

图5.2.2 黄土路堤边坡形式简图
H-路堤边坡高度；b-平台宽度

5.2.3 当路堤边坡高度大于30m时，应与桥梁方案进行技术经济比较。确定采用路堤方案时，应结合变形和稳定性计算结果进行工点设计；应根据工后沉降量预留路堤顶面加宽值，该值不宜小于0.5m。

5.2.4 黄土路堑边坡形式及适用条件，应根据黄土类别及均匀性、边坡高度按表5.2.4确定。高速公路、一级公路黄土路堑边坡宜采用阶梯形。边坡小平台宽度 b 宜为

2～3m；边坡大平台宜设置在边坡中部，平台宽度 B 应根据稳定性计算确定，宜为 4～6m。年平均降水量大于 250mm 的地区，平台上应设截水沟，并作防渗加固处理。边坡形式简图如图 5.2.4 所示。

表 5.2.4　黄土路堑边坡形式及适用条件

边坡形式	适 用 条 件
直线形（一坡到顶）	①均质土层，Q_4、Q_3 黄土边坡高度 $H \leqslant 15m$；Q_2、Q_1 黄土边坡高度 $H \leqslant 20m$； ②非均质土层，边坡高度 $H \leqslant 10m$
折线形（上缓下陡）	非均质土层，边坡高度 $H \leqslant 15m$
阶梯形	①均质土层，Q_4、Q_3 黄土边坡高度 $15m < H \leqslant 30m$；Q_2、Q_1 黄土边坡高度 $20m < H \leqslant 30m$； ②非均质土层，边坡高度 $15m < H \leqslant 30m$

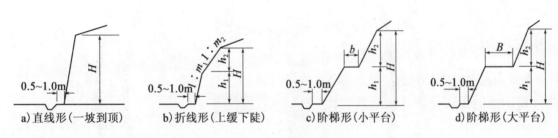

图 5.2.4　黄土路堑边坡形式简图

5.2.5　当路堑边坡高度不大于 30m 时，边坡坡率应根据黄土的地貌单元、年代、成因、构造节理、地下水分布、降水量、边坡高度、施工方法，并结合自然或人工稳定边坡坡率参考表 5.2.5 确定。

表 5.2.5　黄土路堑边坡坡率

分区	分　类		边坡高度（m）			
			$H \leqslant 6$	$6 < H \leqslant 12$	$12 < H \leqslant 20$	$20 < H \leqslant 30$
Ⅰ东南区	新黄土 Q_3、Q_4	坡积	1:0.5	1:0.5～1:0.75	1:0.75～1:1.0	—
		洪积、冲积	1:0.2～1:0.3	1:0.3～1:0.5	1:0.5～1:0.75	1:0.75～1:1.0
	新黄土 Q_3		1:0.3～1:0.5	1:0.4～1:0.6	1:0.6～1:0.75	1:0.75～1:1.0
	老黄土 Q_2		1:0.1～1:0.3	1:0.2～1:0.4	1:0.3～1:0.5	1:0.5～1:0.75
Ⅱ中部区	新黄土 Q_3、Q_4	坡积	1:0.5	1:0.5～1:0.75	1:0.75～1:1.0	—
		洪积、冲积	1:0.2～1:0.3	1:0.3～1:0.5	1:0.5～1:0.75	1:0.75～1:1.0
	新黄土 Q_3		1:0.3～1:0.4	1:0.4～1:0.5	1:0.5～1:0.75	1:0.75～1:1.0
	老黄土 Q_2		1:0.1～1:0.3	1:0.2～1:0.4	1:0.3～1:0.5	1:0.5～1:0.75
	老黄土 Q_1		1:0.1～1:0.2	1:0.2～1:0.3	1:0.3～1:0.4	1:0.4～1:0.6

续表 5.2.5

分区	分类		边坡高度（m）			
			$H\leq 6$	$6<H\leq 12$	$12<H\leq 20$	$20<H\leq 30$
Ⅲ西部区	新黄土 Q_3、Q_4	坡积	1:0.5~1:0.75	1:0.75~1:1.0	1:1.0~1:1.25	—
		洪积、冲积	1:0.2~1:0.4	1:0.4~1:0.6	1:0.6~1:0.75	1:0.75~1:1.0
	新黄土 Q_3		1:0.4~1:0.5	1:0.5~1:0.75	1:0.75~1:1.0	1:1.0~1:1.25
	老黄土 Q_2		1:0.1~1:0.3	1:0.2~1:0.4	1:0.3~1:0.5	1:0.5~1:0.75
Ⅳ北部区	新黄土 Q_3、Q_4	坡积	1:0.5~1:0.75	1:0.75~1:1.0	1:1.0~1:1.25	—
		洪积、冲积	1:0.2~1:0.4	1:0.4~1:0.6	1:0.6~1:0.75	1:0.75~1:1.0
	新黄土 Q_3		1:0.3~1:0.5	1:0.5~1:0.6	1:0.6~1:0.75	1:0.75~1:1.0
	老黄土 Q_2		1:0.1~1:0.3	1:0.2~1:0.4	1:0.3~1:0.5	1:0.5~1:0.75
	老黄土 Q_1		1:0.1~1:0.2	1:0.2~1:0.3	1:0.3~1:0.4	1:0.4~1:0.6

注：1. 分区详见本规范附录 D。
　　2. 表内边坡值为设平台后的平均值。
　　3. 表内未指明成因的新黄土 Q_3 均为风积。

5.2.6 当路堑边坡高度大于 30m 时，应与隧道方案进行比较。当采用路堑方案时，应结合稳定性计算结果进行工点设计。

5.3 高路堤、陡坡路堤设计

5.3.1 高路堤、陡坡路堤的边坡形式和坡率应根据地形与工程地质条件、边坡高度、地面坡率、填料性质等，结合经济与环保因素，经稳定性计算分析确定。边坡形式宜采用阶梯形。

5.3.2 高路堤稳定性计算应包括路堤堤身稳定性、路堤和地基的整体稳定性、路堤沿斜坡地基或软弱层滑动稳定性。其中路堤堤身稳定性、路堤和地基的整体稳定性计算可采用简化 Bishop 方法，稳定安全系数 F 可按式（5.3.2-1）和式（5.3.2-2）计算，计算简图如图 5.3.2 所示。

$$F = \frac{\sum (c_i b_i + W_i \tan\varphi_i)/m_{\alpha i}}{\sum W_i \sin\alpha_i} \quad (5.3.2\text{-}1)$$

$$m_{\alpha i} = \cos\alpha_i + \frac{\tan\varphi_i \sin\alpha_i}{F} \quad (5.3.2\text{-}2)$$

式中：c_i，φ_i——地基土或路堤填料的黏聚力（kPa）和内摩擦角（°），可采用直剪快剪或三轴不排水剪试验测得，对有可能受水浸湿的湿陷性黄土地基，强度指标宜按饱和状态的试验结果确定，浸湿程度确定时应按增湿状态试验确定；

W_i——土条重力与外加竖向力之和（kN）；
α_i——土条底面与水平面交角（°）；
b_i——土条的水平宽度（m），即 $b_i = L_i \cos\alpha_i$。

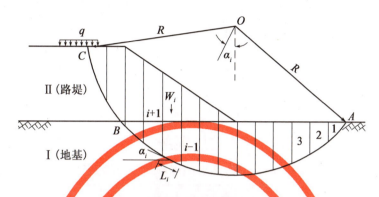

图 5.3.2　简化 Bishop 法计算简图

5.3.3　陡坡路堤沿斜坡地基或软弱层滑动稳定性计算可采用不平衡推力传递法，稳定安全系数 F 可按式（5.3.3-1）和式（5.3.3-2）计算，计算简图如图 5.3.3 所示。

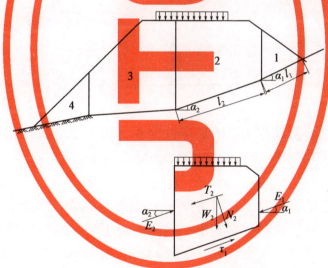

图 5.3.3　不平衡推力传递法计算简图

$$E_i = W_i \sin\alpha_i - \frac{c_i l_i + W_i \cos\alpha_i \tan\varphi_i}{F} + E_{i-1}\psi_i \quad (5.3.3\text{-}1)$$

$$\psi_i = \cos(\alpha_{i-1} - \alpha_i) - \frac{\tan\varphi_i}{F}\sin(\alpha_{i-1} - \alpha_i) \quad (5.3.3\text{-}2)$$

式中：W_i——土条重力与外加竖向力之和（kN）；
　　　α_i，α_{i-1}——土条底面与水平面交角（°）；
　　　c_i，φ_i——土条底的黏聚力（kPa）和内摩擦角（°），可采用直剪快剪或三轴不排水剪试验测得，对有可能受水浸湿的湿陷性黄土地基，强度指标宜按饱和状态的试验结果确定，浸湿程度确定时应按增湿状态试验确定；
　　　l_i——土条底滑面的长度（m）；

E_i，E_{i-1}——土条之间的推力（kN）；

ψ_i——推力传递系数。

条文说明

用式（5.3.3-1）和式（5.3.3-2）计算时，先要假定稳定安全系数 F，然后从第一个土条开始逐条向下推求，直到最后一个土条的剩余推力为零；否则重新假定 F 试算。

5.3.4 高路堤、陡坡路堤稳定性计算的安全系数不得小于表 5.3.4 的规定，否则应采取放缓边坡、路堤加筋、地基处理、支挡等措施。

表 5.3.4 高路堤、陡坡路堤稳定安全系数容许值

工 况	稳定性计算内容	稳定安全系数	
		二级及二级以上公路	三级、四级公路
正常工况	路堤堤身稳定性	1.35	1.30
	路堤和地基的整体稳定性	1.35	1.30
	路堤沿斜坡地基或软弱层滑动稳定性	1.30	1.25
路堤处于暴雨或连续降雨状态	路堤堤身稳定性	1.25	1.15
	路堤和地基的整体稳定性	1.25	1.15
	路堤沿斜坡地基或软弱层滑动稳定性	1.20	1.15

5.3.5 路堤遭遇地震荷载作用下的稳定性分析方法及稳定安全系数应符合现行《公路工程抗震规范》（JTG B02）的有关规定。

5.3.6 位于陡坡上的黄土路堤，可采取下列措施提高路堤稳定性：

1 清除松软表层覆盖土，夯实基底，使路堤置于坚实的硬土层上。

2 开挖台阶，放缓横坡。

3 在路堤上侧开挖截水沟或边沟，阻止地表水浸湿基底。

4 有地下水出露时，应设置渗沟疏干基底土层。

5 在路堤坡脚处设置护脚，如图 5.3.6 所示。

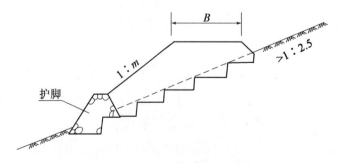

图 5.3.6 陡坡路堤设置护脚

5.3.7 应加强高路堤的沉降控制，必要时，可采取冲击压路机或强夯增强补压、铺设土工合成材料等综合措施，以消减堤身后期压缩变形。宜预留一个雨季的沉降期，以减少工后沉降。

5.3.8 高路堤自身压缩变形计算可采用改进的分层总和法或数值方法。

1 改进的分层总和法计算公式如下：

$$S = \sum_{i=1}^{n-1} \frac{h_i}{E_{si}} \sum_{j=i+1}^{n} (\gamma_j h_j) \qquad (5.3.8)$$

式中：n——路堤填筑碾压层数；

h_i，h_j——分别为第 i 层、第 j 层填土的厚度（m）；

γ_j——压实后的第 j 层填土的重度（kN/m³）；

E_{si}——压实后的第 i 层填土的变形模量（kPa）。

2 数值方法用于复杂条件下高路堤自身压缩量的计算，可采用有限元方法进行。应根据实际情况，合理建模，选择合适的单元、本构关系及其计算参数。应根据简单工况和条件下的已知解答对计算模型进行校核。

条文说明

高路堤自身压缩变形计算的目的是根据计算的堤身压缩变形量和路堤施工期间所观测的累计压缩变形量计算路堤工后的剩余压缩变形量，并与地基沉降量相合并计算地基和路堤总的工后沉降量。黄土高路堤和地基的容许工后沉降量参照《公路软土地基路堤设计与施工技术细则》（JTG/T D31-02—2013）的有关规定执行。

5.4 深路堑设计

5.4.1 深路堑边坡稳定性评价应以定性分析为基础，定量计算为手段，在进行边坡稳定性计算之前，根据边坡工程地质条件或已经出现的变形破坏迹象，定性判断边坡可能的破坏形式和边坡稳定性状态。

5.4.2 深路堑边坡稳定性计算宜采用裂隙圆弧法，计算简图如图 5.4.2 所示。应按下列步骤计算：

1 由式（5.4.2）计算边坡土体最大直立高度 $(h_{90})_{\max}$。

$$(h_{90})_{\max} = \frac{q}{\gamma} = \frac{2c}{\gamma}\tan\left(45° + \frac{\varphi}{2}\right) \qquad (5.4.2)$$

式中：q——土体的无侧限抗压强度（kPa）；

γ——土体重度（kN/m³）；

c, φ——土体的黏聚力（kPa）和内摩擦角（°），可采用直剪快剪或三轴不排水剪试验测得。

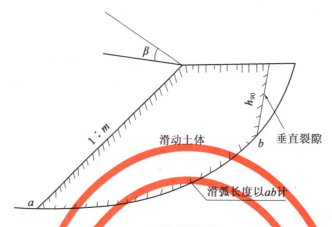

图 5.4.2　裂隙圆弧法计算简图

2　根据边坡高度 H 选取裂隙深度 h_0：当 $(h_{90})_{max} \leq 0.5H$ 时，取 $h_0 = (h_{90})_{max}$；当 $(h_{90})_{max} > 0.5H$ 时，取 $h_0 = 0.5H$。

3　将 h_0 高度内的土体当作静载荷均匀施加于其下部土体上，不计坡顶裂隙段的抗剪强度，其下部土体稳定性仍按简化 Bishop 方法计算。

条文说明

交通部西部交通建设科技项目"黄土地区路基工程技术指标体系与控制参数研究"对圆弧法（基于圆弧滑动面的简化 Bishop 法）、裂隙圆弧法、裂隙法三种方法用于黄土深路堑边坡稳定性分析的结果进行了研究，其结果是：对一坡到顶的高边坡，三种方法计算的稳定安全系数比较接近；而对阶梯形高边坡，圆弧法的安全系数最大，裂隙圆弧法次之，裂隙法最小。

目前高等级公路黄土深路堑边坡通常设计成阶梯形，单级坡率为 1:0.5～1:1.0，单级坡高为 8～10m，而且采用逐级开挖施工，边坡侧向应力逐渐释放。尽管坡顶会出现张拉裂隙，但是裂隙深度较小。裂隙法夸大了黄土高边坡实际存在的裂隙深度，减小了滑弧长度，致使计算的稳定安全系数偏小。为了既考虑黄土高边坡裂隙的影响，又不减小边坡实际的稳定程度，该项目建议对黄土深路堑边坡稳定性分析采用裂隙圆弧法。

《铁路特殊路基设计规范》（TB 10035—2006）规定黄土路堑的稳定性计算采用圆弧法（裂隙圆弧法），而不采用裂隙法，原因如下：

(1)选择 19 个处于极限平衡状态的天然黄土斜坡和人工路堑边坡，实测其物理力学性质指标，用圆弧法和裂隙法分别计算其稳定安全系数，结果是：19 个计算点用圆弧法计算的安全系数基本接近于 1.0，而采用裂隙法计算的安全系数 11 个小于 1.0。一般裂隙法比圆弧法计算的安全系数小 5%～15%。

(2)另选择了 5 处坍滑体，对坍滑体背后所形成的滑面（可认为处于极限平衡状态）进行稳定性计算，结果是：5 个计算点用圆弧法计算的安全系数基本接近于 1.0，而采用裂隙法计算的安全系数 4 个小于 1.0。裂隙法比圆弧法计算的安全系数小 5%~15%。

上述检算结果表明，用圆弧法所计算的安全系数能够较好地反映黄土边坡的实际稳定状态。

采用裂隙圆弧法进行稳定性计算时，最小稳定安全系数对应的滑动圆弧需要搜索计算。每个滑动圆弧不计对应于裂隙深度 h_0 高度范围内的滑弧段的抗剪强度。

5.4.3 设有大平台的深路堑，除应对整个边坡采用裂隙圆弧法进行稳定性计算外，尚应对大平台毗邻的上下分段边坡进行局部稳定性计算。局部稳定性计算方法可视情况采用简化 Bishop 方法或不平衡推力传递法。

条文说明

对可能产生折线形破坏的边坡采用不平衡推力传递法，其他情况采用简化 Bishop 方法。

5.4.4 深路堑稳定性计算的安全系数不得小于表 5.4.4 的规定，否则应采取边坡支挡措施。

表 5.4.4 深路堑稳定安全系数容许值

工　况	稳定安全系数	
	二级及二级以上公路	三级、四级公路
正常工况	1.30	1.25
路堑处于暴雨或连续降雨状态	1.20	1.15

5.4.5 路堑遭遇地震荷载作用下的稳定性分析方法及稳定安全系数，应符合现行《公路工程抗震规范》（JTG B02）的有关规定。

5.5 路基防护与支挡设计

5.5.1 路基防护设计应以保证坡面稳定性和耐久性为目的，根据土质条件、降水量、气候条件、路基边坡高度及坡度、防护材料来源等因素综合分析确定防护措施。

5.5.2 沿河路基受水流冲刷时，应根据河流特性、水流性质、河道地貌、地质等因素，结合路基位置，选用适宜的防护、导流或改河工程。

5.5.3 路基支挡设计应以提高坡体稳定性为目的，根据地质、地形、水文、路基边坡高度及坡度等因素，经稳定性计算分析确定支挡措施。

条文说明

路基支挡措施适用于存在不良地质因素或开挖坡体不满足边坡安全储备要求的路段，但首先选择通过放坡使之稳定；放坡措施无效时，设置支挡工程。

5.5.4 路基支挡设计时，应对路基边坡进行工程地质勘察，查明其工程性质、不良地质和特殊性岩土的分布，尤其是场地湿陷类型和地基湿陷等级的平面分布情况。

5.5.5 支挡结构应与桥台、隧道洞门、排水设施、既有支挡结构物和坡面防护形式协调配合，衔接平顺；应做好综合设计。

5.5.6 大型支挡工程宜根据工程的重要性和实际条件进行施工期的原位监测，并依据施工期揭示的地质信息和监测资料实施信息化设计。

5.5.7 黄土路基边坡防护工程类型及适用条件可按表5.5.7选用。

表5.5.7 黄土路基边坡防护工程类型及适用条件

防护类型	结构形式		适用条件
工程防护	喷护（喷掺砂水泥土、喷浆、喷混）		适用于易风化但未遭强风化的岩石边坡；边坡坡率应缓于1:0.5，边坡地下水不发育和边坡无渗水且较干燥。高速公路、一级公路和景观要求高的公路不宜采用
	挂网喷浆（喷混）护坡		适用于坡面为碎裂结构的硬质岩石或层状结构的不连续地层以及坡面岩石与基岩分开并有可能下滑的挖方边坡；边坡坡率不受限制。高速公路、一级公路和景观要求高的公路不宜采用
	浆砌片石（混凝土）护面墙		边坡坡率应缓于1:0.5。当边坡坡率不陡于1:0.75时，为节省圬工，可采用窗孔式护面墙
植物防护	植草、植灌防护		适用于降水量适宜的地区；边坡坡率应缓于1:0.75
	植树防护		适用于土壤水分多、降水量适宜的地区；边坡坡率应缓于1:1.5
	液压喷播植草防护		边坡坡率应缓于1:0.5
综合防护	栽藤技术		适用于已有工程防护或不适合植草种树的地区；边坡坡率不受限制
	骨架植草防护	浆砌片石骨架	边坡坡率应缓于1:0.75；当坡面受雨水冲刷严重或潮湿时，边坡坡率应缓于1:1
		混凝土骨架	边坡坡率应缓于1:0.75；当坡面受雨水冲刷严重或潮湿时，边坡坡率应缓于1:1。在石料缺乏地区采用
	铺网植草防护		适用于边坡坡率缓于1:0.75的地区
	厚层基材喷播植草防护		适用于降水量较少、土壤含水率较低、瘠薄土质的地区。边坡坡率应缓于1:0.5。对黄土古土壤层防护尤其有效

5.5.8 工程防护设计应符合下列规定：

1 喷浆护坡防护厚度不宜小于50mm，喷混护坡防护厚度不宜小于80mm，喷浆、喷混护坡坡面应设置泄水孔和伸缩缝。

2 挂网喷浆（喷混）护坡防护厚度不应小于100mm，亦不应大于250mm，钢筋保护层厚度不应小于20mm。挂网钢筋的锚固深度应根据边坡岩土体性质确定。坡面应设置泄水孔和伸缩缝。

3 护面墙基础应设置在稳定的地基上，埋置深度应根据地质条件确定；地基承载力宜为160~200kPa。冰冻地区应埋置在冰冻深度以下不小于0.25m，护面墙前趾应低于边沟铺砌的底面。

4 护面墙设置高度应根据边坡条件确定。当边坡较高时，护面墙应分级设置并适当设置耳墙。护面墙的厚度应根据护面墙高度确定。底宽应根据墙高、边坡高度、地基条件等因素确定，可按顶宽加0.1~0.2倍的墙高计算。墙底应做成坡率1:5~1:10的反坡。墙体应设置伸缩缝、沉降缝和泄水孔。伸缩缝间距宜为10~15m。

5.5.9 植物防护设计应符合下列规定：

1 应分阳坡和阴坡进行针对性的坡面植物群落设计；深根性植物和浅根性植物混合搭配；豆科植物和禾本科植物结合使用。

2 草灌树种应根据当地的气候条件、土壤条件，选择下部较矮、根系发达、生长迅速、越年生或多年生，具有抗旱、抗寒、抗贫瘠、抗病虫害等性能，适应粗放管理，成本合理的本地植物。草灌播种量的设计应根据草灌的生长特点、防护地点、施工方法及试验成果确定。

3 植树防护在树木发芽之前，应防止流速大于3.0m/s的水流侵害。

4 液压喷播植草防护的喷播材料应具有良好的吸水、保水和保肥性能，并保持良好的稳定性且对环境无污染。喷播厚度应根据当地降水量通过试验确定，宜为20~30mm。宜根据喷播材料的性能和施工作业面的情况，合理确定水、草种、肥料、木纤维、保水剂、黏合剂等的配比。喷播植物宜采用豆科植物和禾本科植物相结合，并以乡土植物为主。

条文说明

植物防护分阳坡和阴坡进行针对性的设计是很有必要的。从现场调研情况来看，阳坡植物长势均不如阴坡，其主要原因是阳坡水分蒸发快，而黄土地区普遍缺水；这与南方降水充沛地区阳坡植物长势比阴坡长势好相反。采取放缓边坡（蓄水）、选耐旱植物、营养土穴种等措施有利于提高阳坡植物存活率。

5.5.10 综合防护设计应符合下列规定：

1 在降水量较大且集中的地区，骨架宜做成截水沟型。截水沟断面尺寸应根据降雨强度计算确定。

 2 过分潮湿或冻害严重的路基边坡应慎用骨架植物防护，以免引起砌体变形开裂而导致破坏。

 3 厚层基材喷播植草防护的厚度宜为60～120mm。

5.5.11 黄土路基沿河冲刷防护工程类型与适用条件可按表5.5.11选用。

表5.5.11 黄土路基沿河冲刷防护工程类型与适用条件

防护类型		适用条件
植物防护		可用于允许流速1.2～1.8m/s、水流方向与公路路线近似平行、不受洪水主流冲刷的季节性河流冲刷地段防护
砌石或混凝土护坡		可用于允许流速2～8m/s的路基边坡防护
石笼防护		可用于允许流速4～5m/s的沿河路基坡脚防护
浸水挡墙		可用于允许流速5～8m/s的峡谷急流和水流冲刷严重的路段
护坦防护		可用于沿河路基挡土墙或护坡的局部冲刷深度过大、深基础施工不便的路段
抛石防护		可用于经常浸水且水深较大的路基边坡或坡脚以及挡土墙、护坡的基础防护
排桩防护		可用于局部冲刷深度过大的河湾或宽浅性河流的防护
导流	丁坝	可用于宽浅性河段防护，保护河岸或路基不受水流直接冲蚀而产生破坏
	顺坝	可用于河床断面较窄、基础地质条件较差的河岸或沿河路基防护，以调整流水曲度和改善流态

5.5.12 路基沿河冲刷防护设计应符合下列规定：

 1 防护工程顶面高程，应为设计水位加上波浪侵袭高度、壅水高度及安全高度。防护工程基底应埋设在冲刷深度以下不小于1m或嵌入基岩内；寒冷地区应在冻结深度以下不小于1m；当冲刷深度较深、水下施工困难时，可采用桩基或适宜的平面防护。

 2 砌石或混凝土护坡厚度应按流速及波浪的大小等因素确定，干砌片石护坡厚度不宜小于0.25m，浆砌片石护坡厚度不应小于0.35m，水泥混凝土护坡厚度不应小于0.10m。护坡底面应设置砂砾反滤层，厚度不应小于0.10m。

 3 浸水挡土墙设计应符合本规范第5.5.14条的有关规定，并应做好浸水挡土墙和岸坡的衔接。

 4 设置导流构造物时，应根据河道地貌、地质、水流特性、河道演变规律和防护要求等设计导治线，并应避免农田、村庄、公路和下游路基的冲刷加剧。在山区河谷路段，不宜设置挑水导流构造物。导流构造物设计应符合现行《公路路基设计规范》（JTG D30）的有关规定。

 5 路基受水流冲刷严重，或防护工程艰巨，以及路线在短距离内多次跨越弯曲河道时，可改移河道。主河槽改动频繁的变迁性河流或支流较多的河段，不宜改移河道。

5.5.13 路基支挡工程类型有挡土墙、抗滑桩和锚固工程等。支挡工程结构形式应根据当地气候、水文、地形、地质条件确定，可按表5.5.13选用。因黄土地层锚固条件有限，宜根据黄土地层参数合理选用锚固工程。

表5.5.13 黄土地区公路路基边坡支挡工程类型及适用条件

支挡类型	结构形式	适 用 条 件
挡土墙	重力式挡土墙	适用于石料充足的一般地区、浸水地区和地震地区的路肩、路堤和路堑等支挡工程。作为重力式挡土墙的一种特殊形式，抗滑挡土墙适用于下滑推力较小的滑坡地段
	半重力式挡土墙	介于重力式挡土墙与悬臂式挡土墙之间的一种挡土墙，适用于不宜采用重力式挡土墙的地下水位较高或较软弱的地基
	石笼式挡土墙	适用于地下水较多的土质、风化破碎岩石路段
	悬臂式挡土墙	宜在石料缺乏、地基承载力较低的填方路段采用
	扶壁式挡土墙	宜在石料缺乏、地基承载力较低的填方路段采用
	锚杆挡土墙	适用于缺乏石料的地区和挖基困难的岩质路堑地段，其他具有锚固条件的路堑墙也可使用，还可用于陡坡路堤，可用作抗滑挡土墙。锚固条件不好的新黄土地层不宜采用，在老黄土地层中应慎用
	锚定板挡土墙	宜使用在缺少石料地区的路肩墙或路堤式挡土墙，但不应建筑于滑坡、坍塌地区
	加筋土挡土墙	用于一般地区的路肩式挡土墙、路堤式挡土墙，但不应修建在滑坡、水流冲刷、崩塌等不良地质地段
	桩板式挡土墙	用于表土及强风化层较薄的均质岩石地基及桩基锚固段地层条件较好的黄土地基，挡土墙高度可较大；也可用于地震区的路堑或路堤支挡或滑坡等特殊地段的治理
抗滑桩	普通抗滑桩	适用于下滑推力较大、有较好的桩基锚固地层的滑坡及需要预加固的边坡
	锚索抗滑桩	适用于下滑推力较大、滑动面埋深较大、抗滑桩悬臂较长、具有较好的锚索锚固条件和桩基锚固条件的滑坡及需要预加固的特殊边坡
锚固工程	锚索（杆）框架	锚索（杆）可用于老黄土地层中，尽可能锚固到下伏基岩中，锚固力应通过现场拉拔试验核定；框架的尺寸应根据坡面土体的承载力计算确定
	锚索肋板墙	锚索可用于老黄土地层中，尽可能锚固到下伏基岩中，锚固力应通过现场拉拔试验核定

5.5.14 挡土墙设计应符合下列规定：

1 挡土墙宜采用明挖基础。基础的埋置深度应按地基的性质、承载力的要求、冻胀的影响、地形和水文地质等条件确定，并应符合下列规定：

1）当冻结深度小于或等于1m时，基底应在冻结线以下不小于0.25m，且最小埋置深度不小于1m。

2）当冻结深度大于1m时，基础最小埋置深度应不小于1.25m，并应对基底至冻结线以下0.25m深度范围的地基土采取措施,防止冻害。

　　3)受水流冲刷时,应按路基设计洪水频率计算冲刷深度,基底应置于局部冲刷线以下不小于1m。

　　4)在风化层不厚的硬质岩石地基上,基底应置于基岩表面风化层以下;在软质岩石地基上,基础最小埋置深度应不小于1m。

　　2　沿河挡土墙应结合河流的水文、地质情况及河道工程来布置,应保证设墙后仍保持水流顺畅,不挤压河道,不引起局部冲刷。

　　3　黄土地区挡土墙墙背填料宜采用石灰土。石灰土应分层碾压填筑,压实度不宜小于96%。

　　4　挡土墙应采用以极限状态设计的分项系数法为主的设计方法,按承载能力极限状态和正常使用极限状态进行设计。挡土墙的荷载及分项系数、基础设计与稳定性计算等应符合现行《公路路基设计规范》(JTG D30)的有关规定。

5.5.15　重力式挡土墙、半重力式挡土墙设计应符合下列规定:

　　1　墙身宜用片(块)石砌筑;在缺乏石料的地区,可采用水泥混凝土预制块砌筑或直接用水泥混凝土浇筑。

　　2　重力式挡土墙墙高不宜超过12m,干砌挡土墙的高度不宜超过6m。当墙身为浆砌时,墙顶宽度不应小于0.5m;当墙身为干砌圬工时,墙顶宽度不应小于0.6m。半重力式挡土墙墙高不宜超过8m,墙顶宽度不应小于0.4m。

　　3　半重力式挡土墙应按弯曲抗拉强度和刚度计算要求,确定立壁与底板之间的转折点数。端部厚度不应小于0.4m,底板的前趾扩展长度不宜大于1.5m。

　　4　衡重式挡土墙的衡重台与上墙背相交处应采取加强措施,提高该处墙身截面的抗剪能力。

　　5　重力式抗滑挡土墙可用于下滑推力较小的滑坡路段。抗滑挡土墙应根据滑坡剩余下滑力和库仑土压力两者之中的大值设计,其高度和基础埋深应防止滑体从墙顶滑出或从基底以下滑移。当抗滑挡土墙基础埋深较大、土体稳定性较差时,施工时应采取临时支挡措施。

5.5.16　石笼式挡土墙设计应符合下列规定:

　　1　石笼式挡土墙外形可采用外台阶、内台阶、宝塔式等。

　　2　石笼可采用重镀锌钢丝、镀锌铁丝、普通铁丝编织。永久工程应采用重镀锌钢丝;使用年限8~12年时,可采用镀锌铁丝;使用年限3~5年时,可采用普通铁丝。

　　3　石笼内填充物应采用质地坚硬、不易崩解和水解的片石或块石。石料粒径宜为100~300mm,粒径小于100mm的颗粒不应超过15%,且不得用于石笼网格的外露面。孔隙率不应超过30%。

　　4　石笼式挡土墙背应设置一层透水土工布,防止墙后填料中的细粒土流失。

5.5.17 悬臂式挡土墙、扶壁式挡土墙设计应符合下列规定：

1 悬臂式、扶壁式挡土墙应采用钢筋混凝土浇筑，墙身混凝土主要受力钢筋直径不应小于 12mm。

2 扶壁式挡土墙立壁的顶宽不应小于 0.2m，底板厚度不应小于 0.3m。扶壁式挡土墙分段长度不宜超过 20m，每一分段宜设不少于 3 个扶壁。装配式的扶壁式挡土墙不宜在地震动峰值加速度大于或等于 $0.2g$ 的地区使用。

3 当挡土墙受滑动稳定控制时，应在墙的底面下设置防滑榫，其深度应保证榫前土体不被挤出，厚度应满足榫的抗剪强度要求且不应小于 0.3m。

5.5.18 锚杆挡土墙设计应符合下列规定：

1 锚杆挡土墙可采用肋柱式或板壁式，墙的总高度不宜大于 18m，可根据地形条件和墙高采用单级墙或多级墙，每级墙的高度不宜大于 8m。在多级墙的上、下两级墙之间应设置平台，平台宽度不宜小于 2.0m。平台应采用厚度不小于 0.15m 的 C15 混凝土封闭，并设置向墙外倾斜的 2% 的横坡。墙面板宜采用等厚度板，板厚不应小于 0.3m。

2 肋柱式锚杆挡土墙的肋柱间距宜为 2.0～3.0m，肋柱宜垂直布置或向填土一侧仰斜，仰斜度不应大于 1:0.05。肋柱受力方向的前后侧面内应配置通长受力钢筋，钢筋直径不应小于 12mm。

3 每级肋柱上的锚杆层数，可设计为双层或多层。锚杆可按弯矩相等或支点反力相等的原则布置，向下倾斜。每层锚杆与水平面的夹角宜为 15°～25°，锚杆层间距不应小于 2.0m。

4 锚孔直径应与锚杆直径相配合，不宜小于 10cm。锚固在老黄土层中的锚孔直径宜适当增大。锚杆宜采用单根钢筋，也可采用两根钢筋共同组成 1 根锚杆，每孔钢筋数不宜多于 3 根。

5 应结合锚杆锚固形式、地层性质、锚孔直径、有效锚固段长度、施工方法和填筑材料等因素确定锚杆抗拔力，施工前应进行拉拔试验验证。

5.5.19 锚定板挡土墙设计应符合下列规定：

1 锚定板挡土墙可采用肋柱式或板壁式，墙高不宜超过 10m。当墙高超过 10m 时，可分级设置，每级墙高不宜大于 6m。上、下级墙体之间应设置宽度不小于 2m 的平台。平台应采用厚度不小于 0.15m 的 C15 混凝土封闭，并设置向墙外倾斜的 2% 的横坡。上、下两级墙的肋柱宜交错布置。

2 肋柱式锚定板挡土墙的肋柱间距宜为 1.5～2.5m，每级肋柱高度宜采用 3～5m。肋柱应采用垂直或向填土侧后仰布置，仰斜度宜为 1:0.05。肋柱不得前倾布置。肋柱应预留圆形或椭圆形拉杆孔道，孔道直径或短轴长度应大于拉杆直径。

3 肋柱下端应设置混凝土条形基础、分离式垫块基础或杯座式基础，基础厚度不宜小于 0.5m，襟边宽度不宜小于 0.1m。

4 肋柱受力方向的前后侧面内应配置通长受力钢筋，钢筋直径不应小于12mm。

5 板壁式挡土墙的每块墙面板至少连接一根拉杆，拉杆直径宜为22~32mm。

6 锚定板宜采用钢筋混凝土板，肋柱式锚定板面积不应小于$0.5m^2$，无肋柱式锚定板面积不应小于$0.2m^2$。锚定板应双向配筋。

7 拉杆、拉杆与肋柱及拉杆与锚定板连接处，应做好防锈处理。

8 锚定板挡土墙应在墙背底部至墙顶以下0.5m范围内，填筑厚度不小于0.3m的渗水性材料或用无砂混凝土板、土工织物作为反滤层，并应采取排水措施。

5.5.20 加筋土挡土墙设计应符合下列规定：

1 高速公路、一级公路加筋土挡土墙的高度不宜大于12m；二级及二级以下公路不宜大于20m。当采用多级墙时，每级墙高不宜大于10m；上、下级墙体之间应设置宽度不小于2m的平台；平台应采用厚度不小于0.15m的C15混凝土板防护，并设向外倾斜的不小于2%的排水横坡。当采用细粒填料时，上级墙的面板基础下应设置宽度不小于1.0m、厚度不小于0.50m的砂砾或石灰土垫层。

2 墙面板宜采用钢筋混凝土预制件，厚度不应小于80mm。墙面的平面线形可采用直线、折线和曲线。相邻墙面间的内夹角不宜小于70°。墙面未砌筑在石砌圬工、混凝土构件上或地基非基岩时，均应设置宽度不小于0.4m、厚度不小于0.2m的混凝土基础。基础埋置深度，对土质地基不应小于0.6m。基底不宜设置纵坡，可做成水平或结合地形做成台阶形。

3 拉筋可采用钢带、预制钢筋混凝土带、土工带等材料，高速公路和一级公路上的加筋土挡土墙应采用钢带或钢筋混凝土带。拉筋应具有较高的强度，受力后变形小，能与填料产生足够摩擦力；抗腐蚀性好；加工、接长和与面板的连接简单。

4 在满足抗拔稳定的前提下，采用的拉筋长度应符合下列规定：

1）墙高大于3m时，拉筋长度宜大于0.8倍的墙高，且不宜小于5m。当采用不等长的拉筋时，同等长度拉筋的墙段高度应大于3m。相邻不等长拉筋的长度差不宜小于1.0m。

2）墙高小于或等于3m时，拉筋长度不应小于3m，且应采用等长拉筋。

3）采用预制钢筋混凝土拉筋时，每节长度不宜大于2.0m。

5 筋带与面板的连接应坚固可靠，并与筋带有相同的耐腐蚀性能。双面加筋土挡土墙的拉筋相互插入时，应错开铺设，避免重叠。

6 加筋土挡土墙宜采用渗水性良好的中粗砂、砂砾或碎石填筑；采用黄土填料时，应选择粗粒组的黄土。填料与筋材直接接触部分不应含有尖锐棱角的块体，填料最大粒径不应大于100mm。

7 位于斜坡上的加筋土挡土墙应设宽度不小于1m的护脚，墙面板基础埋置深度从护脚顶面算起。

8 加筋土挡土墙顶面，宜设置混凝土或钢筋混凝土帽石。

5.5.21 桩板式挡土墙设计应符合下列规定：

1 桩板式挡土墙的锚固桩应锚固在稳定的地基中。桩的悬臂长度宜根据桩顶容许位移及支挡结构物容许位移确定，不宜大于 10m。

2 挡土板与桩搭接，其搭接长度每端不应小于 1 倍板厚。

3 挡土板外侧墙面的钢筋保护层厚度应大于 35mm，板内侧墙面保护层厚度应大于 50mm。桩的受力钢筋应沿桩长方向通长布置，直径不应小于 12mm。桩的钢筋保护层净距不应小于 50mm。

4 当采用拱形挡土板时，不宜用素混凝土浇筑；应沿径向和环向配置一定数量的构造钢筋，钢筋直径不宜小于 10mm。

5 加锚索的锚固桩应保证桩与锚索的变形协调。

6 滑坡路基上的桩板式挡土墙应按滑坡推力和土压力的最不利者作为计算荷载，桩的重力可不计入。

7 当桩前地基岩层结构面的产状为向坡外倾斜时，应按顺层滑坡验算地基的稳定性及整体稳定性。

5.5.22 抗滑桩设计应符合下列规定：

1 抗滑桩设计前，应对边（滑）坡进行详细的工程地质勘察，确定滑坡的主滑方向，边坡的可能滑动方向，滑面及软弱层位置、边界条件、岩土性质及水文地质条件。各段滑面、软弱层岩土的强度指标应以试验资料与反算结果互相核对后的数值为准，并应考虑含水率与岩土性质的变化。

2 抗滑桩的设置应保证提高边（滑）坡体的稳定安全系数达到规范要求的安全值，安全系数应根据现行《公路路基设计规范》（JTG D30）选取。

3 应综合考虑结构安全、经济合理、与周围环境景观相协调等因素，确定抗滑桩的平面布置、桩间距、桩长和截面尺寸等。

4 抗滑桩应设在滑坡体较薄、锚固段地基强度较高的地段，平面布置宜为一排，排的走向应与滑体的滑动方向垂直。桩间距取决于滑坡推力大小、滑体土的密度和强度、桩的截面大小、桩的长度和锚固深度以及施工条件等因素，应防止滑坡体从桩间滑动。

5 抗滑桩桩长应根据锚固地层的强度、桩所承受的滑坡推力、桩的刚度、桩顶约束条件以及滑面以上桩前抗力等因素确定，设置时应保证滑坡体不越过桩顶和不出现新的深层滑动。

6 抗滑桩的截面形状可采用矩形或圆形。设计中宜采用矩形，受力面为短边，侧面为长边。桩的截面尺寸应根据滑坡推力的大小、桩间距以及锚固段地基的横向容许承载力等因素确定。为了便于施工，挖孔桩最小边宽度不宜小于 1.25m。

7 抗滑桩井口应设置锁口，桩井位于土和风化破碎的岩层时应设置护壁。锁口和护壁混凝土强度等级不应低于 C15。

8 抗滑桩纵向受力钢筋直径不应小于 16mm，净距不宜小于 120mm，困难情况下可适当减少，但不应小于80mm。当用束筋时，直径28mm以下钢筋不应超过3根，直径32mm的钢筋并筋数量宜为2根；直径36mm及36mm以上的钢筋不应采用束筋。当配置单排钢筋有困难时，可设置2排或3排。受力钢筋混凝土保护层厚度不应小于70mm。

9 抗滑桩内不宜设置斜筋，可采用调整箍筋的直径、间距和桩身截面尺寸等措施，满足斜截面的抗剪强度。箍筋宜采用封闭式，肢数不宜多于4肢，直径不宜小于14mm，间距不应大于400mm。

10 抗滑桩的两侧和受压边，应适当配置纵向构造钢筋，其间距不应大于300mm，直径不宜小于12mm。桩的受压边两侧，应配置架立钢筋，其直径不宜小于16mm。当桩身较长时，纵向构造钢筋和架立钢筋的直径应增大。

11 抗滑桩设计计算应符合下列规定：

1）按弹性地基梁设计的抗滑桩，锚固段深度内下2/3深度范围的侧向压应力不应大于该地层的侧向容许压应力，桩基底的最大压应力不应大于地基的容许承载力。当抗滑桩锚固在老黄土地层中时，应特别注意复核黄土的侧向容许承载力能否满足抗滑桩的桩侧壁应力。

2）预应力锚索抗滑桩设计计算时，可将桩、锚固段桩周岩土即锚索系统视为一体，桩简化为受横向变形约束的弹性地基梁，锚拉点处桩的位移与锚索伸长量相等。

3）滑坡推力宜采用传递系数法计算确定。滑动面以上的桩前滑体抗力，可由极限平衡时滑坡推力曲线、桩前被动土压力或桩前滑体的弹性抗力确定，设计时选用其中的小值。当桩前滑坡体可能滑走时，不应计入其抗力，按悬臂桩计算。

4）作用在任一分界面上的推力分布图形，当滑体上层和下层的滑动速度大体一致时，可假定为矩形；对软塑体和流塑滑坡，其推力分布图形为三角形。介于矩形和三角形对应情形之间者，推力分布图形可假定为上小下大的梯形。

5）桩底支承宜选用自由端，嵌入岩石较深时可选用固定端或铰支。

6）滑动面以上的桩身内力，应根据滑坡推力和桩前滑体抗力计算。滑动面以下的桩身变位和内力，应根据滑动面处的弯矩和剪力，采用地基系数法进行计算，根据岩土条件可选用"K法"或"m法"。地基系数K、m可根据试验资料和地区经验、工程类比综合确定。

7）抗滑桩的混凝土结构应按现行《混凝土结构设计规范》（GB 50010）进行计算，结构重要性系数为1.0，永久荷载的分项系数为1.0。抗滑桩桩身按受弯构件设计，当无特殊要求时，可不做变形、抗裂、挠度等项验算。

条文说明

《建筑地基基础设计规范》（GB 50007—2011）第3.0.5条规定：计算挡土墙、地基或滑坡稳定以及基础抗浮稳定时，作用效应按承载能力极限状态下作用的基本组合，但其分项系数均为1.0。《建筑结构荷载规范》（GB 50009—2012）第3.2.3条规定：永久荷载的分项系数当其效应对结构不利时，对由永久荷载效应控制的组合，应取1.35，当其效应对结构有利时，应取 1.0。《铁路路基支挡结构设计规范》（TB 10025—2006）第 10.2.12 条规定：永久荷载分项系数为 1.35。就目前设计一般情况，建议永久荷载的分项系数为 1.0。

5.5.23 锚固工程设计应符合下列规定：

1 边坡锚固设计时，应鉴别边坡的破坏模式，建立合理的地质力学模型，并根据边坡稳定性分析成果确定边坡不稳定程度及范围，对锚固方案的合理性、安全性进行技术经济论证。锚固形式应根据边坡岩土体类型、工程特征、锚承载力大小、锚固材料和长度、施工工艺等条件确定。

2 预应力锚索宜锚固在稳定的基岩地层中，在老黄土地层锚固应慎用，不宜在新黄土地层中锚固。

3 锚索的平面、立面布置应以工程需要确定，锚索间距应以所设计的锚固力能对地基提供最大的张拉力为标准。锚索间距宜采用 3~6m。

4 近水平方向布置的锚索，设计锚固角应避开 $-10°~10°$；从施工工艺考虑，宜采用下倾 $15°~30°$。

5 硬质岩锚固宜采用拉力型锚索，老黄土及软质岩锚固宜采用分散型、扩孔型锚索。

6 在锚固工程施工前，应在现场进行预应力锚索拉拔试验。

7 应根据边坡工程和滑坡治理工程的重要性和实际条件，对预应力锚索的工作状况和锚固效果进行施工期和运营期的原位监测。

8 预应力锚索由锚固段、自由段和锚头构成，锚头由垫墩、钢垫板和锚具组成。锚固段内的预应力筋每隔 1.5~2.0m 应设置隔离架。预应力锚索的保护层厚度不应小于 20mm，临时性锚索预应力筋的保护层厚度不应小于 10mm。

9 应根据对锚索腐蚀环境的调查试验，选择适当的防腐方法。永久性锚索宜进行双层防腐；不处在腐蚀环境中的永久性锚索和临时性锚索可采用简单的防腐方法；锚固段、自由段及锚头的防腐方法应考虑在锚索施工及使用期都不会损伤其防腐功能。

10 预应力锚固边坡坡面承压结构形式应根据边坡的工程地质条件、水文地质条件、岩土性质、边坡高度、施工方法、地貌形态以及自然稳定边坡和人工边坡的调查结果综合确定。

11 框架梁截面可采用矩形或 T 形。框架梁截面宽度应通过坡面土体承载能力计算确定，并不应小于 0.30m。梁单元形状可采用矩形或菱形。当采用矩形时，梁单元尺寸不宜小于 3m×3m；当采用菱形时，梁单元尺寸不宜小于 5m×3m。梁内主筋应分单元配置通长钢筋。梁底嵌入坡面土体内深度不宜小于 0.20m。

12 锚固工程设计计算应符合下列规定：

1）设计锚固力应根据边坡不稳定力（下滑力）确定。

2）锚固体的承载力由注浆体与锚孔壁的黏结强度、锚索与注浆体的黏结强度及锚索强度等三部分控制，设计时应取三者的最小值。

3）锚索总长度由锚固段长度、自由段长度及张拉段长度组成。锚固段长度应根据设计锚固力计算确定。自由段长度受稳定地层界面控制，自由段长度不应小于5m。在设计中应考虑自由段伸入滑动面或潜在滑动面以下的长度不小于1m，宜为3~5m。张拉段长度应根据张拉机具决定，锚索外露部分长度宜为1.5m。

4）锚索施加的预应力的大小尚应根据锚索的使用目的、被加固岩土体及地基性质与状态而定。为减少预应力损失，设计中应选用高强度低松弛的钢绞线和高质量的锚具；必要时，应对锚索进行补偿张拉或超张拉。

5）框架梁的设计宜分单元进行，梁内弯矩、剪力可按框架梁或连续梁计算。梁结构应按现行《混凝土结构设计规范》（GB 50010）的有关规定进行计算。结构重要性系数为1.0，永久荷载的分项系数为1.35。

条文说明

进行预应力锚索拉拔试验的目的，是用来确定锚索是否有足够的承载力，并检验锚索的设计和施工方法能否满足工程要求。试验方式有两种：一种为破坏性试验，主要目的是确定锚索可能承受的最大张拉力和锚固工程的安全度；另一种为非破坏性试验，一般在有代表性的工作锚索中进行，其目的是验证设计的合理性和安全性，检查和控制施工质量。

对锚固工程而言，监测工作十分重要。因为锚固工程本身属隐蔽性工程，影响锚固效果的因素很多，设计时很难做到对地质及施工情况完全清楚，所以需要开展原位监测。监测包括施工期监测和运行期监测，两阶段监测的主要内容：一是对锚索本身的监测；二是对锚固介质或锚固对象的监测。

5.6 路基排水设计

5.6.1 黄土地区路基排水设计应做好排水系统总体设计，使路表排水、中央分隔带排水、坡面排水、路侧排水、地下排水的设施衔接合理，排水畅通，防止积水与下渗，避免发生湿陷导致路基破坏。

5.6.2 路基排水出口应与自然沟渠、河道和桥涵自然、顺畅衔接。

5.6.3 填方路基的路表水应采用拦水带、急流槽集中排放。应合理确定急流槽间距，保证水流畅排。

5.6.4 中央分隔带排水设计应符合下列规定：

1 中央分隔带表面宜采用铺面封闭式，铺面应采用两侧外倾的横坡，坡度宜与路面横坡度相同，铺面之下应设置防水层。

2 中央分隔带表面未采用铺面封闭时，其内部应设置由防水层、纵向排水渗沟、集水槽和横向排水管等组成的综合排水系统。

  3 凹形中央分隔带的表面宜设置成浅碟形，坡度宜为1:4～1:6，并应在中央分隔带设置由纵向边沟、集水井、横向排水管、急流槽、消力池等组成的综合排水系统。

  4 中央分隔带回填土与路面结构层之间应设置防水层。

条文说明

  由于黄土地区以干旱气候为主，降水量小，中央分隔带绿化成本高，再者植物浇水下渗容易引起地基湿陷，所以黄土地区中央分隔带排水宜采用铺面封闭式。

  5.6.5 深路堑或高路堤坡面径流量大时，可在边坡中部设置平台截水沟，减少坡面冲刷。

  5.6.6 在路堤和路堑坡面或者坡面平台上向下竖向集中排水时，宜设置急流槽。其断面形式宜采用圬工矩形或采用聚氯乙烯（PVC）、聚乙烯（PE）塑料圆管。急流槽的进水口与沟渠泄水口之间宜采用喇叭口形式连接，并作铺砌处理。圬工急流槽底面宜设置防滑平台或凸榫。

  5.6.7 挖方、低路堤及路界范围地面低于路界外侧地面的填方路段，应在挖方边坡或填方边坡坡脚外设置排水边沟，边沟水应通过排水沟引排到路基范围之外。边沟的断面形式可采用三角形、浅碟形、梯形或矩形等，应根据排水需要以及对行车安全与环境景观的协调等选定。高速公路、一级公路挖方路段的矩形边沟，在不设护栏的地段，宜设置带泄水孔的钢筋混凝土盖板或钢筋加强的复合材料盖板。

  5.6.8 挖方路段或斜坡路堤上方流入路界的地表径流量较大时，应设置拦截地表径流的截水沟。其布置位置宜在路堑坡顶5m或路堤坡脚2m以外。截水沟的断面形式可采用梯形或矩形。

  5.6.9 陡坡或沟谷地段的排水沟渠，宜设置跌水槽等消能设施。其断面形式宜采用矩形。

  5.6.10 黄土地区排水沟渠的长度不宜超过300m，三角形、碟形等宽浅断面的沟渠长度不宜超过150m，沟底纵坡不应小于0.3%。

  5.6.11 湿陷性黄土地段的排水沟渠应采用现浇混凝土、浆砌混凝土预制块或浆砌片石铺砌封闭。非湿陷性黄土地段的沟渠，当长度大于100m，纵坡大于或等于表5.6.11所列数值时应铺砌。铺砌层下应设防渗土工织物，应采用将沟底和沟坡全部覆盖的全铺方式；在年平均降水量小于250mm的地区，防渗土工织物应将沟底全部覆盖，沟坡覆盖高度宜为正常水位的 1/2～1/3。

表 5.6.11 沟渠铺砌纵坡值（%）

黄土分类	年平均降水量（mm）	
	>300	≤300
新黄土	≥0.6	≥1.0
老黄土	≥1.0	≥1.5

5.6.12 湿陷性黄土路段沿线的蒸发池的边缘，距离路基坡脚应不小于25m，并应采取适当的防渗处理措施。蒸发池的边缘应采取护栏围挡等防护措施。

5.6.13 当路界地下水影响路基稳定或强度时，应根据地下水类型、含水层埋藏深度、地层渗透性、地下水对环境的影响，并考虑与地表排水设施协调等，设置渗沟、暗沟、渗井、渗水隧洞或仰斜式排水孔等适宜的地下排水设施，拦截、引排含水层的地下水，降低地下水位或疏干坡体内的地下水。

条文说明

地下排水设施视下列情况选用：
(1) 有地下水出露的挖方路基、斜坡路堤、路基填挖交替地段，当地下水埋藏浅或无固定含水层时，采用填石渗沟。
(2) 赋存有地下水的坡面，当坡体土质潮湿、无集中的地下水流但危及路基安全时，设置边坡渗沟或支撑渗沟。
(3) 当地下水埋藏深或为固定含水层时，采用渗水隧洞、渗井。渗井通常用于地下水较多，但路基水量不大，且渗沟难以布置的地段。
(4) 路基基底范围有泉水外涌时，设置暗沟将水引排至路堤坡脚外或路堑边沟内。
(5) 当坡面有集中地下水时，设置仰斜式排水孔；亦可视出水量，将仰斜式排水孔与支撑渗沟相结合设置。

5.6.14 排水设施的水文与水力计算及断面尺寸设计应符合现行《公路排水设计规范》（JTG/T D33）的有关规定。

6 路基施工

6.1 一般规定

6.1.1 施工前应熟悉设计文件、清楚设计意图和技术标准，并进行现场核对。应根据对设计文件核对后的工程项目、工程量、工地特点、工期要求和施工条件，结合实际设备能力，编制施工组织设计。

6.1.2 施工前应做好临时排水，临时排水设施应与永久排水设施综合考虑，并与工程影响范围内的自然排水系统相协调。

6.1.3 天气干燥季节施工，应做好施工现场防尘。

6.1.4 防护工程施工应与路堤填筑和路堑开挖施工紧密结合、合理衔接，防止降水、风蚀对坡面的破坏。

6.1.5 支挡工程施工过程中，应根据地质条件、施工季节特点和工期要求设置必要的临时防护工程，边坡临时防护工程宜与永久支挡工程相结合。

6.1.6 应合理布置堆料场地和弃渣场地，材料和弃渣不得随意堆放。

6.1.7 应严格按照施工方法和工序施工，及时反馈施工信息，做好信息化施工。

6.1.8 应做到工完场清，减少对环境的不利影响。

6.2 路堤填筑

6.2.1 黄土路堤填料可采用新黄土和老黄土，但路床部分不宜采用老黄土。应测试黄土填料的 CBR 值；当达不到设计要求时，可采取掺石灰等处理措施。石灰缺乏的地区，可采用砂砾填料。

条文说明

老黄土包括 Q_1 黄土（午城黄土）和 Q_2 黄土（离石黄土）。由于其透水性差，干湿难以调节，大块土料不易粉碎，故路床部分不宜采用老黄土。但是 Q_2 黄土的上部土层不太坚实，大块土料可以粉碎，在料源缺乏时可以采用。要将掺石灰处理黄土作为首选，以提高路基防水性。

6.2.2 黄土路堤宜采用15t以上的重型振动羊足碾压实，松铺厚度宜为0.25～0.30m。高路堤采用冲击压路机补充压实时，宜采用冲击轮势能25kJ的机型，每填高2～2.5m补压一次；采用强夯补充压实时，夯击能宜为800～1 000kN·m，每填高3～4m补压一次。

6.2.3 黄土碾压时的含水率宜控制在最佳含水率±2%范围内。当含水率过小时，应均匀加水后再行碾压；当含水率过大时，可采取翻松、晾晒降低含水率，也可掺入适量石灰处理。

6.2.4 路堤填筑期间因故较长时间停工时，应将压实面做成横坡2%～4%的路拱，并将路堤边坡整理拍实。复工时，应对压实度进行检测，满足要求时方可继续填筑。

6.3 路堑开挖

6.3.1 路堑开挖应从上而下进行，不得掏底开挖和采用大药量爆破施工。当黄土层含石过多、开挖困难时，可采用雷管进行破碎施工。

6.3.2 施工中应保持开挖坡面平整，不可随便刷方。当发现边坡有变形迹象时，宜采取合理的减载措施。

6.3.3 施工开挖接近设计高程时，应通过试验查明路床土料的物理力学性质，视土质和含水率情况，必要时采取挖除换填、掺灰改良、晾晒等处理措施。

6.4 路基防护与支挡工程施工

6.4.1 防护与支挡工程所用的砂浆、混凝土，应采用机械集中拌和，不得直接在砌体面上或路面上人工拌和，并应随拌随用。

6.4.2 喷浆、喷混、挂网喷浆、挂网喷混防护施工应符合下列规定：
1 防护施工用砂浆强度等级不应低于M10；混凝土强度等级不应低于C15。
2 喷护作业前应进行试喷，确定合适的水灰比。

3 挂网锚杆孔应采用高压风清孔，注浆固定锚杆。

4 铺设钢筋网前宜在坡面上喷射一层混凝土，钢筋网与坡面的间隙宜为 30mm，随后再喷射混凝土至设计厚度。钢筋网和锚杆不得外漏。

5 应自下而上进行喷射作业。当喷混厚度超过 60mm 时，宜分两层喷射。喷层厚度应均匀，养护时间不应少于 7d。

6 喷层周边与未防护坡面的衔接处应做好封闭处理。

7 施工过程中应及时做好泄水孔、排水孔和伸缩缝。

6.4.3 护面墙施工应符合下列规定：

1 所用石料应为色泽均匀、结构密实、无裂纹、未风化的硬质岩石，混凝土预制块强度应满足设计要求。

2 浆砌砌体应错缝，不得通缝、叠砌、贴砌和浮塞，砂浆应饱满密实，勾缝应牢固、美观。

3 墙体应根据伸缩缝和沉降缝的长度分段砌筑，泄水孔、耳墙、砂砾反滤层应与墙体同步施工。

4 砌体应自下而上逐层砌筑，直至墙顶。当为多级防护时，宜先砌上墙。

6.4.4 植物防护施工应符合下列规定：

1 植物防护应根据设计要求，选择合理的施工季节进行施工。

2 植草、植灌可按穴种、沟种、撒种、铺草皮及植生袋等方式实施，宜首选穴种。

3 植树苗木出圃时，单株植物应带原土栽植，土球用草袋包装牢固。

4 每个植树坑底应施加 0.5kg 有机肥作底肥，并填入 50mm 松土，防止接触烂根；然后分次回填，边填边踩，并注意提苗，保持直立稳固。

5 植草、植灌、植树后，应适时洒水、浇水、施肥并防治病虫害，加强前期养护。养护期限应根据坡面植被生长状况而定，不宜少于 45d。

6.4.5 液压喷播植草防护施工应符合下列规定：

1 植草前应对坡面进行整理、适当平整，清除杂物。

2 对喷播采用的种子应以批次为单位做发芽率试验，重新测定千粒重，作为确定各种植物种子用量的依据。对具有蜡质的草种和灌木种子，应进行温水浸泡等催芽处理，以确保出苗率。

3 喷播施工应按设计比例配制水、草种、肥料、木纤维、保水剂、黏合剂等的混合物。

4 喷播施工草种发芽后，应定期检验植被覆盖率，及时对稀疏无草区进行补播。

6.4.6 藤蔓植物防护施工可参照植草、植灌防护施工。

6.4.7 骨架植草防护施工应符合下列规定：

1 骨架施工放样应准确，应根据设计图纸定出关键点的坐标和位置，用钢钎或竹签在坡面上标定，之后挂线开挖骨架沟槽。

2 砌筑骨架时应自下而上逐条砌筑，并与边坡及开挖骨架沟槽紧贴；先砌筑骨架衔接处，再砌筑其他部分骨架，两骨架衔接处应处于同一高度。

3 骨架砌筑灌浆应饱满，不得出现空洞；勾缝应平整、光滑。灌浆宜采用1:3.5~1:4.5的水泥砂浆，勾缝宜采用1:2~1:3的水泥砂浆或1:0.5:3的水泥石灰砂浆，砂浆配合比应满足强度要求。

4 在骨架底部及顶部和两侧范围内，应采用水泥砂浆砌片石镶边加固。

5 当边坡坡率缓于1:1时，骨架内宜回填客土。回填客土时宜使用振动板使之密实，靠近表面时用潮湿的黏土回填。骨架表面与回填客土表面应平顺且密贴，以防地表水沿缝隙渗入。当边坡坡率陡于1:1时，骨架内不宜回填客土，宜采用穴种植草。

6 骨架内植草工程应在骨架强度达到设计强度的70%以上时进行，植草施工可参照植草、植灌防护施工。

6.4.8 铺网植草防护施工应符合下列规定：

1 植草前应对坡面进行整理、适当平整，清除杂物。对土质条件差、不利于草种生长的坡面应回填改良客土，回填客土厚度宜为50~75mm，并用水润湿让坡面自然沉降至稳定。

2 三维网应顺坡铺设，剪裁长度应比坡面长1.3m。

3 三维网铺设方式宜为平铺式和叠砌式相结合，网之间应重叠搭接，搭接宽度不宜小于100mm。

4 三维网宜根据坡面土体条件采用木桩、锚钉等固定，四周以U形钉固定。

5 网格内填土宜采用客土或土、肥料及腐殖质土的混合物，填土应充满网包，人工分层充填拍实，且洒水湿润，至网包层不外露为止。

6 播种可采用人工撒播，也可采用液压喷播。采用人工撒播后，应撒5~10mm细粒土。

6.4.9 厚层基材喷播植草防护施工应符合下列规定：

1 锚杆施工应根据设计孔位采用风钻成孔，钻孔孔眼方向应与坡面垂直。锚杆孔应冲洗干净（在黄土中，不应用水冲洗，应输送高压风吹孔），然后安装锚杆并用水泥砂浆封填。

2 铺网时应张拉紧，网间搭接宽度不宜小于50mm，并每隔0.3m用18号铁丝绑扎，安装锚杆托板固定网。

3 应按设计比例将绿化基材、纤维、种植土及混合植被种子依次倒入混凝土搅拌机料斗搅拌，搅拌时间不应少于1min，搅拌应均匀。

4 基材混合物的喷射应分两次进行，先喷射不含种子的基材混合物，然后喷射含种子的基材混合物。喷射应均匀。

6.4.10 路基沿河冲刷防护工程施工应符合下列规定：

1 植树防护应选用喜水性树种。林带应由多行树木组成，乔灌木应密植。植树后，应采取有效措施加以保护。

2 砌石或混凝土护坡应在坡面密实、平整、稳定后铺砌。砌块应交错嵌紧，不得浮塞。砂浆应饱满、密实，不得有悬浆。

3 抛石防护宜在枯水季节施工。抛石体应选用质地坚硬、耐冻且不易风化崩解的石块，抛石体边坡坡度和石料粒径应根据水深、流速和波浪情况确定。石料粒径应大于300mm，坡度应不陡于抛石石料浸水后的天然休止角。抛石厚度宜为粒径的3~4倍；用大粒径时，不得小于2倍。

4 导流构造物施工前，应根据现场具体情况，采取相应措施，避免施工过程中水流冲刷农田、村庄、公路和下游路基。丁坝坝头应按设计进行平面防护，处理好坝根与相连接的地层或其他防护设施的衔接。顺坝应按设计处理好与上下游河岸的衔接，使水流顺畅，坝根附近河岸应按设计防护加固至上游不受水流冲击处。

5 改移河道工程施工，河道开挖应先挖好中段，然后再开挖两端。河床加固设施及导流构造物的施工应合理安排，及时配套完成。利用开挖新河道的土石填平旧河道时，在新河道未通流前，旧河道应保持适当的流水断面。

6.4.11 挡土墙施工应符合下列规定：

1 地基承载力应达到设计要求。挡土墙基础开挖后，应进行核实检验；当基底承载力不满足设计要求时，应提请变更设计。

2 挡土墙应随开挖、随下基、随砌筑，并做好墙背反滤、防渗水设施。

3 挡土墙施工时，应根据设计图的分段长度，结合墙趾实际地形、水文、地质变化情况设置沉降缝和伸缩缝。缝宽宜为20~30mm，应整齐一致，上下贯通并应填缝处理。沉降缝和伸缩缝可合并设置。

4 墙背应及时进行人工回填，墙后填料应满足设计要求。采用石灰土作填料时，石灰剂量可采用5%~6%，石灰中$CaO+MgO$含量不应低于55%，宜采用Ⅲ级钙质消石灰或Ⅱ级镁质消石灰。土料可采用与路基段填筑相同的土料。

5 墙背回填碾压时，在距墙背0.5~1.0m范围内，不得用重型振动压路机碾压，应使用小型机具夯实或人工夯实。

6.4.12 重力式挡土墙、半重力式挡土墙施工应符合下列规定：

1 砌筑墙体所用石料应采用结构密实、石质均匀、不易风化、无裂缝的硬质石料，强度等级应符合设计规定。

2 砌筑墙体所用砂浆的类别和强度等级应符合设计规定。配料应准确。宜采用机械搅拌，搅拌应均匀、充分。砂浆经运输后，应检查其稠度和分层度，稠度不足或分层的砂浆应重新拌和至符合要求。砂浆应具有良好的和易性。砌体缝隙应填满压实，胶结牢固。

3 墙体采用浆砌片石砌筑时，片石应分层错缝砌筑。石块应大小搭配，相互错叠，咬接紧密。采用块石砌筑时，块石应平砌。现浇混凝土重力式挡土墙应分层浇筑，插捣密实，不应出现蜂窝、麻面、露筋、空洞。

4 采用台阶式基础时，台阶与墙体应连在一起同时砌筑，基底及墙趾台阶转折处不应砌成垂直通缝，砌体与台阶壁间的缝隙砂浆应饱满。

5 当采用重力式挡土墙作为抗滑挡土墙使用时，不得全断面开挖，应开挖一段砌筑一段，并应做好边坡的临时防护措施。

6.4.13 石笼式挡土墙施工应符合下列规定：
1 石笼基底应大致整平，必要时用碎石或砾石垫层找平。
2 石笼应做到安设位置正确，搭叠衔接稳固、紧密，确保整体性。
3 填充石料应自身稳定，大面朝下，适当摇动或敲击，使其平稳。石料间应相互搭接。
4 网箱封盖应在顶部石料砌垒平整的基础上进行。应先使用封盖夹固定每端相邻结点后，再加以绑扎；封盖与网箱边框相交线，应每隔25cm绑扎一道。

6.4.14 悬臂式挡土墙、扶壁式挡土墙施工应符合下列规定：
1 悬臂式挡土墙和扶壁式挡土墙宜就地整体浇筑，也可采用装配式施工。
2 现场整体浇筑时，应根据设计图纸制作模板。模板宜采用钢模；当采用木模时，应在模板内侧加钉镀锌薄铁皮，保证混凝土表面光滑平整。安装的模板不得与脚手架相连。模板与钢筋安装工作应配合进行，模板结构应与所采用的钢筋安装绑扎方法及混凝土的浇筑方法相适配。
3 现场整体浇筑时，每段墙的底板、面板和肋的钢筋应一次绑扎，宜一次完成混凝土灌注。当采用现场分段浇筑时，应按设计要求进行施工，并预埋好连接钢筋。连接处混凝土面应严格凿毛，并清洗干净。凸榫应按照设计尺寸开挖，并与墙底板一同灌注混凝土。
4 混凝土浇筑应均质密实、平整、无蜂窝麻面、不露筋骨，强度符合设计规定，做到搅拌均匀、振捣密实、养生及时。灌注混凝土后，应按有关规定进行养护。
5 装配式施工时，应在基础混凝土强度达到设计强度的75%后开始安装。预制墙板与基础应按设计要求连接牢固。

6.4.15 锚杆挡土墙施工应符合下列规定：
1 锚杆施工前应做锚杆抗拔力验证试验，以验证锚杆结构的承载能力能否达到设计要求。
2 锚杆应按设计尺寸下料，并应做好储存、调直、除污、防锈等加工处理。锚杆钢筋接头应焊接，沿杆体轴线方向每隔 1.5~2.0m 应设置一个对中支架，以便锚杆在孔内正确就位。

3 钻孔定位应准确，锚孔的倾角应符合设计要求。钻孔时，不得加水钻进。钻孔后应将孔内粉尘、石渣清理干净。

4 安装普通砂浆锚杆时，锚杆应安装在孔位中心。灌浆应采用孔底注浆法，灌浆压力不宜小于 0.2MPa。砂浆锚杆安装后，不应敲击、摇动。普通砂浆锚杆在 3d 内，早强砂浆锚杆在 12h 内，不应在杆体上悬挂重物。应待砂浆强度达到设计强度的 75% 后开始安装肋柱、墙板。

5 锚杆挡土墙宜采用一次注浆法。当需要显著提高土锚的抗拔力时，可采用二次注浆。

6 安装墙板时，应边安装墙板边进行墙背回填及墙背排水系统施工。

6.4.16 锚定板挡土墙施工应符合下列规定：

1 拉杆应采用延伸性较好的钢材。安装应确保拉杆顺直，拉杆与肋柱、锚定板的连接紧密牢固。拉杆埋于土中部分，肋柱、锚定板上的锚头及螺丝杆均应作防锈处理和防水封闭。

2 锚定板吊装时，应保证肋柱不前倾。应视基础设计情况，确定肋柱是否需要支撑。

3 锚定板挡土墙的施工工序应按照逐层拼装挡土墙、拉杆、锚定板，逐层填土的顺序循环进行。墙后填土应按规定的顺序进行，以发挥锚定板在填土过程中的抗拔能力，保证锚定板挡土墙的整体稳定性。

4 拉杆及锚定板埋设，应先填土后挖槽就位；挖槽时，锚定板宜比设计位置高 30~50mm。锚定板前方超挖部分宜用 C10 水泥混凝土或石灰土回填夯实。不得直接碾压拉杆和锚定板。

5 应现场进行原型锚定板的拉拔试验和锚定板挡土墙的监测，监测内容和要求应符合本规范第 6.6 节的相关规定。

6.4.17 加筋土挡土墙施工应符合下列规定：

1 加筋土挡土墙采用黄土填料时，应选择粗粒组的黄土或掺碎石、砂砾等，并采用重型击实标准，严格按要求压实。

2 填料每层摊铺后应及时碾压，防止填料摊铺后由于不及时碾压而改变填料的含水率。

3 拉筋底面的填料应平整密实，压实时不应使用羊足碾碾压。拉筋应平顺铺设于已压实整平的填料上，不应有弯曲或扭曲，然后将其连接在面板拉环处，敷设时拉筋应与面板背面垂直。

4 填料摊铺、碾压应从拉筋中部开始，平行于墙面碾压，先向拉筋尾部逐步进行，然后再向墙面方向进行，不得平行于拉筋方向碾压。填土分层厚度及碾压遍数，应根据拉筋间距、碾压机具和密实度要求，通过试验确定。

5　安装直立式墙面板应按不同填料和拉筋预设仰斜坡，仰斜坡宜为1∶0.02～1∶0.05，墙面不应外倾。

6　施工过程中应按表6.4.17的要求对加筋土挡土墙进行监测。

表6.4.17　加筋土挡土墙施工监测要求

项次	检查项目	规定值或允许偏差	检查方法及频率
1	每层面板顶高差	±10mm	抽检4组板
2	轴线偏位	10mm	挂线量3处
3	面板垂直度	+0，-0.5%	吊线量2处

注：1. 以20m为检查单位，小于20m仍按20m计。
　　2. 面板安装以同层相邻两板为一组。
　　3. 面板垂直度的正、负号分别表示向外和向内。

6.4.18　桩板式挡土墙施工应符合下列规定：

1　桩板式挡土墙施工工序为先施工桩，后施工挡土板，桩身施工参照抗滑桩施工。挡土板可预制或现浇。

2　安装挡土板应在桩身混凝土达到设计强度后进行。挡土板安装时，应边安装边回填，并做好板后排水设施。

3　挡土板应按设计要求与桩体正确连接，配套完成。

6.4.19　抗滑桩施工应符合下列规定：

1　抗滑桩应严格按给定坐标，准确放线定位。施工前应先对桩位附近边坡或表层易滑塌部分采取措施，并做好锁口盘及桩位附近地表水的拦截工作。

2　抗滑桩施工时应做好井下排水、通风、照明设施。抗滑桩宜在旱季施工；雨季施工时，应在孔口搭设雨棚。

3　抗滑桩可采用人工开挖或机械成孔。采用人工开挖时，应做好保证人员安全的措施和应急预案；采用机械成孔时，黄土层中应采用旋挖成孔，不宜采用泥浆护壁钻孔灌注桩。

4　桩井开挖应根据坡体变形情况隔桩或隔两桩开挖。桩井开挖过程中应随时校准其垂直度和净空尺寸。

5　抗滑桩应分节开挖，每节开挖深度宜为0.5～2.0m。开挖一节，应及时做好该节护壁。当护壁混凝土具有一定强度后方可开挖下一节。不得在土石变化处和滑动面处分节。护壁各节纵向钢筋应焊接，不得简单绑扎。在围岩松软、破碎和有滑动面的节段，护壁应增加钢筋，并应在护壁内顺滑动方向用临时横撑加强支护，并观察其受力及变形情况，及时进行加固。当发现横撑受力变形、破损而失效时，施工人员应立即撤离。

6　浇筑护壁混凝土时，应紧贴围岩灌注，灌注前应清除孔壁上的松动石块、浮土。围岩较松软、破碎、有水时，护壁宜设泄水孔。护壁混凝土不侵入桩截面净空以内。

7 桩井采用浅眼爆破法施工时，应严格控制用药量。桩井较深时，严禁用导火索和导爆索起爆。孔深超过10m时，应经常检查井内有毒气体的含量；当二氧化碳浓度超过0.3%或发现有害气体时，应增加通风设备。

8 在桩孔开挖过程中，地质人员应下坑进行地质编录，核对地层岩性及滑面位置；当发现与设计不符时，应及时提请设计变更。

9 桩坑挖到设计高程后应进行验槽，保证封底厚度。桩身混凝土浇筑时应边灌注边振捣，全桩混凝土应不间断一气呵成。当滑坡有滑动迹象或需加快施工进度时，宜添加速凝剂、早强剂等。桩身主筋的接头不应设在土石分界和滑动面处。

10 锚索抗滑桩桩身应预留锚索孔。锚索施工可按本规范第6.4.20条的有关规定执行。

6.4.20 锚固工程施工应符合下列规定：

1 锚索材料应采用高强度、低松弛预应力钢绞线，应顺直、无损伤、无死弯。锚固段应除锈、除油污，不得使用有机械损伤、电弧烧伤和严重锈蚀的钢绞线。不得将钢绞线及锚索直接堆放在地面或露天储存，应避免受潮、受腐蚀。考虑到锚索张拉工艺要求，实际下料长度应比设计长度多留1.5m。

2 锚索孔位应按设计图标示测放，钻孔俯角与锚索倾角一致，其倾角允许误差为±1°；考虑沉渣的影响，为确保锚索深度，实际钻孔深度应大于设计深度1.0m。

3 锚索成孔不得加水钻进；成孔困难时，可采用跟管钻进。钻进过程中应对每孔地层变化、钻进速度、漏风、反渣、地下水情况以及其他特殊情况作现场记录。应根据岩性及完整性确认通过滑动面破碎带至稳定地层中，有足够锚固长度后终孔。成孔后，应采用高压风清空，清除孔中碎屑或地下水。

4 锚索孔内宜灌注水泥砂浆，水灰比宜为0.4~0.45，灰砂比宜为1:1，砂浆体强度不应低于30MPa。应采用从孔底到孔口返浆式注浆，注浆压力不宜低于0.3MPa。注浆应饱满、密实，必要时宜采取二次注浆。

5 张拉应在砂浆体强度达到设计强度的80%后进行，并应符合下列规定：

1）正式张拉前先对锚索进行1~2次试张拉，荷载等级为0.1倍的设计拉力。

2）锚索张拉分级进行，除最后一级应稳定10~20min外，其余每级应稳定5min，并分别记录每一级钢绞线的伸长量。在每一级稳定时间里应测读锚头位移3次。当张拉到最后一级荷载且变形稳定后，卸荷至锁定荷载锁定锚索。

3）锚索锁定后，在48h内发现有明显的预应力松弛时，应进行补偿张拉。锚索锁定后，切除适量钢绞线，用C30混凝土及时封闭锚头。

6.5 排水工程施工

6.5.1 对排水沟渠进行铺砌加固前，应先对基底进行夯实、掺灰夯实等处理。压实度应达到90%。

6.5.2 各类排水设施采用浆砌片石铺砌时,应选用有平整面的片石。各砌缝砂浆应饱满,保证不渗水、不漏水。

6.5.3 当急流槽较长时,应分段砌筑,分段长度宜为 5~10m。接头用防水材料填塞,应密实无空隙。混凝土预制块急流槽,分节长度宜为 2.5~5.0m,接头采用榫接。

6.5.4 填石渗沟的石料应洁净、坚硬、不易风化;砂砾应采用等粒径粗砂或 20~40mm 砾石,含泥量应小于 2%,不得采用粉砂、细砂。当用于排除层间水时,渗沟底部应埋置于最下面的不透水层。在冰冻地区,渗沟埋置深度不得小于当地最小冻结深度。

6.5.5 边坡渗沟的基底应设置在潮湿土层以下的干燥地层内。基底应铺砌防渗层,沟壁应设反滤层,其余部分采用透水性材料填充。

6.5.6 支撑渗沟的基底宜埋入滑动面以下 0.5m;当滑动面较缓时,可做成台阶式支撑渗沟,台阶宽度宜大于 2m。连接支撑渗沟的排水沟应进行加固。

6.5.7 渗井施工应符合下列规定:
1 深井开挖应根据土质选用合理的支撑形式,并应随挖随支撑、及时回填。
2 渗井填充料的含泥量应小于 5%,应按单一粒径分层填筑,不得将粗细材料混杂填塞。下层透水层范围内宜填碎石或卵石,上层不透水范围内宜填砂或砾石。井壁与填充料之间应设反滤层。
3 渗井顶部四周应采用黏土填筑围护,井顶应加盖封闭。

6.5.8 仰斜式排水孔施工应符合下列规定:
1 钻孔成孔直径宜为 75~150mm,仰角不宜小于 6°。孔深应延伸至富水区。
2 排水管直径宜为 50~100mm。渗水孔宜梅花形排列。渗水段应裹 1~2 层无纺土工布,防止渗水孔堵塞。

6.6 施工监测

6.6.1 应做好高路堤填筑、深路堑开挖、抗滑桩受力与位移、锚固工程支护效应的监测,并应符合下列规定:
1 评价路基边坡的稳定性,提供预报数据,跟踪和控制施工进度。
2 在可能发生险情时提供报警值,调整有关施工工艺和步骤,做好信息化施工。
3 检验加固工程的安全性、可靠性以及对边坡加固的有效性。

4　为有关位移反分析计算及数值模拟计算提供土体特征参数。

6.6.2　高路堤填筑变形监测应在路中心、路肩、坡脚位置的地基上埋设接杆式沉降板或无线接收式沉降标观测地基沉降量；同时随着逐级填筑，在各级平台上埋设位移监测桩监测路堤稳定性。可采用全站仪或 GPS 对位移监测桩进行观测。

6.6.3　深路堑开挖变形监测宜采用下列方式：

1　施工期巡视检查，即在边坡开挖过程中定期进行巡视检查工作。巡视范围应达路堑坡口线以外不小于 50m，并应符合下列规定：

　1）应检查地面有无裂缝，并对发现的裂缝记录其深度、宽度、连通性、充水状况等发展变化情况，分析论证其对边坡稳定状况的影响。

　2）应观察记录坡面的岩层产状、节理发育状况及地下水出露情况。当出现结构面组合不利于边坡稳定，地下水涌出等情况时，应对边坡稳定状况进行分析。

　3）应检查边坡是否出现裂缝、是否出现掉渣或掉块现象，表面有无隆起或下陷等。据此分析边坡稳定状况。

2　进行边坡水平位移和垂直位移监测，应在路堑坡口线以外 10m 范围内埋设 2～3 个位移监测桩，同时随着逐级开挖，在各级平台上埋设位移监测桩。应通过对观测数据整理、分析，判断高边坡的稳定状况。

3　进行深层变形监测，应在边坡内部通过钻孔安装布置测斜仪、多点位移计、滑动测微计等，监测边坡内部变形情况，分析、判定可能的滑裂面位置。

条文说明

深层变形监测应针对砂质黄土（或有砂夹层）边坡、具有构造节理的黄土边坡、具有垂直节理的黄土边坡进行。测斜仪用于监测深层水平位移（X 方向），多点位移计用于监测深层垂直位移（Z 方向），滑动测微计可同时监测深层三向（X、Y、Z）位移。一般情况下布置测斜仪监测，当边坡条件复杂时布置两种或三种仪器同时监测。

6.6.4　抗滑桩受力与位移监测应符合下列规定：

1　受力监测应通过桩前、桩后布置土压力盒进行。桩前土压力盒应布置在滑动面以下，桩后土压力盒应布置在滑动面以上。土压力盒上下布置间距宜为 3m 左右。

2　位移监测应在桩身内布置测斜管，观测抗滑桩在滑坡推力作用下可能发生的位移与扭转情况，结合土压力观测结果，分析边坡变形发展趋势；同时，根据抗滑桩的位移反算其受力，并与设计值比较，掌握其安全性并及时预报可能发生的危险。

6.6.5　边坡锚固工程支护效应监测，应采用锚杆应力计及钢筋计进行。

6.6.6　施工监测周期与观测频率应符合下列规定：

1 高路堤填筑和深路堑开挖的监测周期应自路基施工前开始，路面铺筑完成后结束。

  2 路堤填筑期间，每填筑一层应观测1次；路堤填高超过极限高度之后，应每天观测1次。休工期，第一个月应每3天观测1次；超过1个月后，可每月观测1次。

  3 边坡开挖期间应每天观测1次；暴雨和连续降雨期间应每天观测3次；边坡刷方和防护措施全部结束后3个月内，可每周观测1次。

  4 抗滑桩受力与位移监测、边坡锚固工程支护效应监测应自锚固工程施工之后开始，路面铺筑完成后结束。可每周观测1次，暴雨和连续降雨期间应每天观测1次。

7 路基拓宽改建

7.1 一般规定

7.1.1 路基拓宽改建设计，应根据既有公路沿线的地形、地貌、地质构造、水文地质、地基土的性质、不良地质的发育情况，采取措施保证拓宽改建路基的强度和稳定性。

7.1.2 路基拓宽改建前，应搜集既有公路路基勘察设计、竣工图和养护方面的资料，调查既有路基稳定情况，并对既有路基和拓宽场地进行工程地质和水文地质调查、勘探和测试。

7.1.3 应查明既有路基的填料性质、含水率、密度、压实度、强度和稠度状态，既有路堑边坡地质情况、现有防护排水措施及边坡稳定状态，拟拓宽场地的水文地质、工程地质条件；评价新拼接路基或增建路基对既有路基沉降变形和边坡稳定的影响程度。

7.1.4 拓宽的路基与既有路基之间应保持良好的衔接。应采取工程措施，减小拓宽路基与既有路基之间的差异沉降。

7.1.5 拓宽路基宜选择施工速度快、工期短的拼接方式，采用沉降变形小、收敛快的地基处理方法。

7.2 既有路基状况调查与评价

7.2.1 应通过资料收集和调查访问，了解既有公路的技术标准、地形地貌、工程地质和水文地质情况、既有地基处理方法、路基填筑技术、目前的使用性能或存在的病害和隐患、目前的交通量和交通组成及其未来预测等情况。

7.2.2 应以出现病害和存在隐患的路段为重点，对既有路基进行现场勘探与测试，查明路基变形情况、路侧陷穴、湿陷性黄土层分布深度、地下水情况、路基路面强度等。

条文说明

出现病害和存在隐患的路段初步判定主要靠沿线调查目测；在初步判定的基础上对这些路段施以探地雷达检测（一般采用60MHz的天线），根据探地雷达检测结果划分出重点路段；对重点路段再进行瞬态瑞利波检测，以确定路段损坏分布的交界面，准确探明路侧陷穴、路基内部软夹层、孔洞形态及范围；最后再选择代表性路段进行钻探取芯和标贯试验，确定湿陷性黄土层分布深度、路基路面强度（CBR、回弹模量）等。

7.2.3 应对现场取样进行室内试验，测定路基和地基土的物理、力学性质指标，判定地基土的湿陷类型与等级；同时，应结合现场调查，查明既有路基排水影响区内地基土的物理、力学性质变化。

7.2.4 应结合病害类型和病害程度分段进行路基技术状况评价，分析产生病害的原因，制定必要的处理措施。

7.3 既有路基病害处理

7.3.1 对既有路基沉陷严重、压实度达不到拓宽改建要求的路段，应将既有路基挖除，换填级配好、强度较高的填料分层压实，或将既有路基翻挖、掺灰处理后，分层填筑压实。

7.3.2 黄土路基内部孔洞、裂隙等病害和桥涵过渡段路基出现横向裂缝、桥头跳车病害的路段，宜采用注浆法进行加固。应对注浆实施可能引起的沉降进行观测，必要时应采取回填措施。

7.3.3 路侧陷穴处理应按本规范第4.7节的规定执行，但不宜采用爆破回填。

7.3.4 对零填、低填路堤和路堑，当地下水造成路基湿软、翻浆等病害时，应挖除既有路床、路基重新填筑，并在基底设置渗沟、排水管等设施。

7.3.5 对既有路基地基病害进行处理时，宜采用对既有路基破坏性小的复合地基处理方法，并考虑拓宽路基对既有路基附加沉降的影响。

7.4 路基拼接设计

7.4.1 路基拼接时，应通过加强地基处理、加强路基衔接等措施控制既有路基与拓宽路基之间的差异沉降，路拱横坡度的工后增大值不应大于0.5%。

7.4.2 利用二级及二级以下公路拓宽改建为高速公路、一级公路,既有路基强度与压实度等指标不能满足要求时,应对其进行处理。

7.4.3 拓宽路基湿陷性黄土地基处理,应根据湿陷性黄土层的厚度及湿陷等级,采用换填垫层法或预钻孔挤密桩法。

条文说明

为减小对既有路基的扰动破坏,拓宽路基的地基处理尽量不要采用冲击碾压法和强夯法,挤密桩法施工也应采用预钻孔施工。由于条件限制,确需采用冲击碾压法、强夯法对地基进行处理时,为避免既有路基坍塌,路基边坡开挖的台阶在地基处理施工前需进行稳定分析计算,必要时采取逐级支挡、加固处理措施。

7.4.4 为加强既有路基与拓宽路基的衔接,宜采取既有路基开挖台阶、路基结合部加筋等措施,并应符合下列规定:

1 既有路基开挖台阶形式可采用标准式、内倾式或竖倾式,其形式简图如图7.4.4所示。

2 台阶开挖尺寸应根据既有边坡的填筑材料、压实度、稳定性等确定。

3 台阶高度不宜大于1.0m,台阶宽度应根据边坡坡率确定,宜为1.0~2.0m。

4 加筋材料宜采用高强土工合成材料,其铺设的分层间距宜为0.2~0.4m;搭接宽度横向不应小于50mm,纵向不应小于200mm。

图7.4.4 既有路基开挖台阶形式简图

条文说明

标准式台阶是按照既有路基边坡或削坡后的边坡确定台阶的宽度与高度,宽度方向水平,高度方向竖直。内倾式台阶是在标准式台阶的基础上,宽度方向设置内倾坡度(一般采用2%~4%),以增强新路基与既有路基的衔接。竖倾式台阶是在标准式台阶的基础上,高度方向设置内倾坡度(一般采用1:0.2~1:0.5),以便于台阶面上填土压实。

7.4.5 拓宽路堤填料宜采用与既有路堤相同或级配、强度、水稳性、渗透性等更优的填料。

7.5 路基拼接施工

7.5.1 对整体式拓宽路基，应拆除既有路缘石、路肩、边坡防护、排水设施及既有构造物的翼墙或护墙等。

7.5.2 施工前应截断流向拓宽作业区的水源，做好原地表临时排水设施，并与永久排水设施相结合，保证施工期间排水通畅。

7.5.3 路基开挖前，应进行既有路基边坡削坡及坡脚以外原地面清表，并根据路基填筑高度确定最下一层的台阶高度。

7.5.4 台阶开挖宜采用由下至上，逐级开挖、填筑的方法，开挖一级填筑一级。

7.5.5 按设计要求铺设的加筋材料，应将其深入台阶内缘采用钢筋钉固定，并及时填土覆盖，防止暴晒。

7.5.6 削坡与台阶开挖不宜在雨季施工。雨季施工时，应对已经削坡和开挖的台阶采取有效的防水、排水措施。

7.6 拓宽改建路基排水

7.6.1 拓宽路基排水设施应与既有路基排水设施总体布局，自然合理衔接，形成完整、有效的排水系统。

7.6.2 既有路基边坡台阶开挖前，应结合现场调查情况，确认既有排水设施是否满足要求。当不能满足要求时，应对其进行疏通、修复和改造，必要时增设排水设施。

7.6.3 对严重堵塞无法修复的既有排水设施，应拆除或进行封闭处理，防止渗漏水对路基的侵蚀破坏。

7.6.4 整体式拓宽路基，拓宽部分路基路拱应与既有路基路拱综合设计，保证路面水畅排。

7.6.5 既有路基与拓宽路基结合处顶面应进行防渗处理。

附录 A 黄土地貌类型

表 A 黄土地貌类型

地貌类型	亚类	地貌特征
堆积地貌	黄土高原 — 黄土塬	黄土高原受现代沟谷切割后，保存下来的平坦地面，周边为沟谷环境
	黄土高原 — 黄土梁	顶面平坦，两侧为深切的冲沟，中部为长条状黄土低丘。长数百米、数千米到上万米，宽数十米到上百米
	黄土高原 — 黄土峁	孤立的黄土丘陵，顶面平坦或微有起伏，呈圆穹状。大多数是由黄土梁进一步切割而成
	黄土平原	分布于新构造运动下降区，是由黄土堆积形成的低平原，局部发育沟谷，无梁、峁
	河谷阶地	沿河谷及大型河谷两岸分布（或断续分布），表层全部由冲积—洪积黄土等沉积物堆积的阶地
侵蚀地貌	大型河谷	形成及发展与一般侵蚀河谷相似，但其形成发展过程有时还伴随有风积黄土堆积
	冲沟	因黄土土质疏松，常伴有重力崩塌、潜蚀作用，因此发展快，其特征是沟深、壁陡、向源侵蚀作用显著
潜蚀地貌	碟形洼地	流水聚集，使黄土发生湿陷或潜蚀，引起地面下沉后形成的一种直径数米至数十米的洼地
	黄土陷穴	地表水沿黄土孔隙、裂隙下渗潜蚀形成的黄土洞穴
	黄土井	黄土陷穴向下发展，形成深度大于宽度若干倍的洞穴
	黄土桥	两个陷穴之间被水流串通，在陷穴崩塌之后残存的土体呈桥状洞穴
	黄土柱	黄土沿垂直节理崩塌后残存的土柱
重力地貌	崩塌体	由于黄土冲沟深切，岸坡高陡，上部土体向下崩落滑塌，在坡脚下堆积形成的裙状地貌形态
	黄土滑坡	黄土斜坡土体，在重力或地下水作用下产生下滑变形后的簸箕状地貌形态

附录 B 黄土地区公路工程分区及主要特征

B.0.1 黄土地区公路工程可按地质构造进行一级分区，一级分区下再按地形地貌进行二级分区，分区名称及主要特征见表 B.0.1，分区图如图 B.0.1 所示。

表 B.0.1 黄土地区公路工程分区及各区黄土主要特征表

一级分区		二级分区								
大区	分区名称	亚区	分区名称	亚区特征						
				地貌	海拔（m）	降雨（mm）	冲刷强度指数	地表形态指数	边坡稳定性指数	黄土湿陷系数	公路建设的不利条件
I	山地、断陷河谷盆地黄土大区	I_1	汾、渭河谷盆地，黄土台塬、阶地区	台塬、河谷阶地	400~900	500~750	0~5	0~6	0~5	台塬 0.06~0.688，关中 0.008~0.054，汾河谷 0.003~0.070	台塬区黄土具有自重湿陷性
		I_2	豫西山地、河谷黄土梁、阶地区	黄土梁、河谷阶地	200~600	500~700	0~8	3~10	3~8	0.023~0.045	—
		I_3	山西东部山地、黄土梁区	梁峁状的山地、丘陵	500~1000	500~750	3~8	4~18	5~15	0.003~0.071	—
		I_4	山西西北部山地，黄土梁、峁区	黄土梁峁	500~1000	500~750	5~15	12~30	10~15	0.027~0.089	—
II	鄂尔多斯黄土高原大区	II_1	高原南部山区、黄土梁区	黄土梁	800~1300	350~600	3~10	3~12	5~10	—	湿陷性严重
		II_2	高原中南部黄土梁、塬区	黄土塬	1000~1500	600 左右	5~10	6~15	0~8	0.03~0.084	湿陷性严重，地表切割严重
		II_3	高原中北部黄土梁、峁区	黄土梁峁	1200~1900	400~500	8~15	12~18	5~10	—	湿陷性严重，地表切割严重
		II_4	高原北部砂黄土梁、峁区	砂黄土梁峁	1200~1900	300~500	15~30	10~20	5~15	—	边坡冲刷强烈。边坡防护宜采用护面墙或骨架形式

续表 B.0.1

一级分区		二级分区								
大区	分区名称	亚区	分区名称	亚区特征						
				地貌	海拔（m）	降雨（mm）	冲刷强度指数	地表形态指数	边坡稳定性指数	黄土湿陷系数	公路建设的不利条件
Ⅲ	中低山、丘陵黄土大区	Ⅲ₁	陇西东南部黄土梁、阶地区	黄土梁、阶地	1 200～2 000	400～600	8～15	12～24	20～30	0.027～0.09	滑坡发育
		Ⅲ₂	陇西中东部黄土梁、峁区	黄土梁峁	1 800～2 000	350～450	5～15	8～18	5～10	0.039～0.110	湿陷性很严重
		Ⅲ₃	陇西中北部黄土梁区	黄土梁	1 500～2 500	200～400	10～25	6～15	8～15	—	边坡冲刷强烈。边坡防护宜采用护面墙或骨架形式
		Ⅲ₄	陇西西北部黄土梁、阶地区	黄土梁、阶地	3 000以上	350～400	5～15	18～25	15～25	—	地表起伏强烈

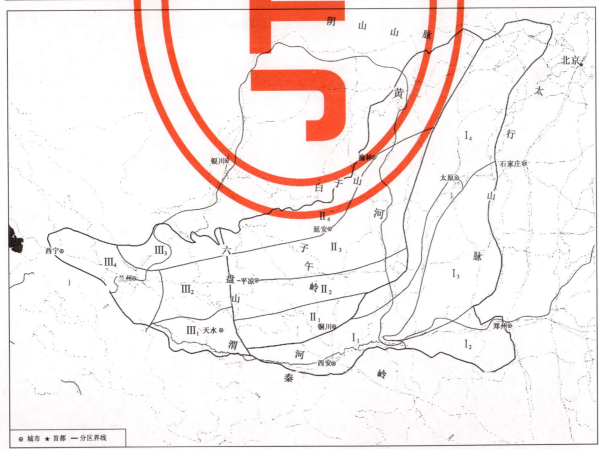

图 B.0.1 黄土地区公路工程分区图

B.0.2 表述亚区特征的冲刷强度指数综合反映在自然环境条件作用和影响下公路边坡受冲刷的程度，由降雨不均匀系数、植被覆盖度、地面坡度、黄土土性四个要素综合确定；可借助地理信息系统平台，采用空间叠加分析得到；按表 B.0.2 分级。

表 B.0.2 冲刷强度指数分级表

冲刷强度指数	≥0，<5	≥5，<10	≥10，<15	≥15，<20	≥20，≤30
冲刷程度	微弱	中	强	极强	剧烈

B.0.3 表述亚区特征的地表形态指数综合反映公路建筑场地地形地貌的复杂程度，由地形切割深度、地表切割密度、海拔高程、地面坡度四个要素综合确定；可借助地理信息系统平台，采用空间叠加分析得到；按表 B.0.3 分级。

表 B.0.3 地表形态指数分级表

地表形态指数	<6	≥6，<12	≥12，<18	≥18，<24	≥24
地表形态破坏程度	轻度	中度	强度	极强	剧烈

B.0.4 表述亚区特征的边坡稳定性指数综合反映公路边坡的稳定等级，由黄土地层结构、地形起伏度、地面坡度三个要素综合确定；可借助地理信息系统平台，采用空间叠加分析得到；按表 B.0.4 分级。

表 B.0.4 边坡稳定性指数分级表

边坡稳定性指数	≥0，<5	≥5，<10	≥10，<15	≥15，<20	≥20，≤30
边坡稳定性	稳定	较稳定	稍稳定	不稳定	极不稳定

附录C 防护、支挡、排水等构造物采用圬工材料强度要求

表C 防护、支挡、排水等构造物采用圬工材料强度要求

材 料 类 型	最低强度要求	使 用 场 合
砖块	MU10	防护、排水
片（块）石	MU30	防护、支挡、排水
水泥砂浆	M10（寒冷地区）、M7.5（其他地区）	浆砌、抹面
水泥混凝土	C25（寒冷地区）、C20（其他地区）	混凝土构件
	C15	混凝土基础

附录 D 黄土路基设计分区及主要特征

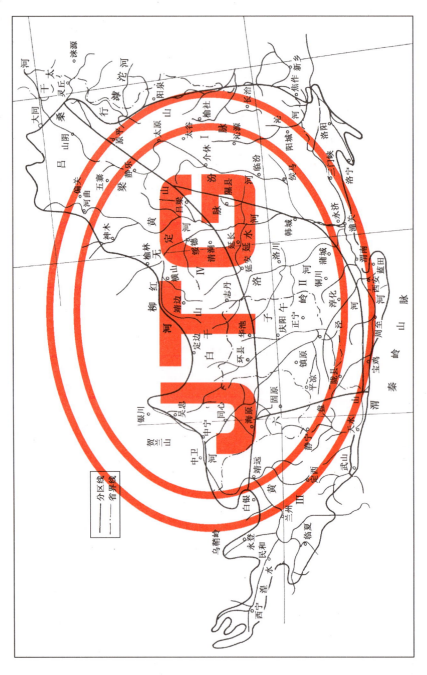

图 D 黄土路基设计分区图

注：Ⅰ东南区：吕梁山以东，关中盆地，晋中南、豫西地区；Ⅱ中部区：吕梁山以东，六盘山以东，晋西、陕北、陇东地区；Ⅲ西部区：六盘山以西，陇西、宁南地区；Ⅳ北部区：吕梁山以西，六盘山以西，晋西南、陕北北部及河西走廊地区。

表 D 黄土路基设计分区及各区黄土主要特征表

名称	黄土分区 特征 气候	地貌	土层	病害	黄土类型	天然含水率(%)	干密度(g/cm³)	孔隙率(%)	颗粒(mm)组成(%) >0.05	0.05~0.005	<0.005	可塑性(%) 液限	塑限	塑性指数	力学强度 c(kPa)	φ(°)	易溶盐含量(%)	碳酸钙含量(%)
I 东南区	较湿润,年平均降水量500~750mm	山地与盆地	土质黏性重,致密,土层厚50~100m,在汾渭河谷、内蒙古西部冲积平原及冲积盆地、山前坡地广泛分布有黄土类土	路基较稳定,但冲刷较强烈	新黄土洪积、冲积 Q_3、Q_4	$\frac{13.4}{3~24}$	$\frac{1.45}{1.3~1.7}$	$\frac{47}{35~55}$	$\frac{19.4}{8~28}$	$\frac{63.9}{45~80}$	$\frac{16.7}{2~29}$	$\frac{27.6}{24~34}$	$\frac{16.4}{13~21}$	$\frac{11.2}{8~15}$	$\frac{41}{10~120}$	$\frac{29.43}{21~41}$	$\frac{0.098}{0.03~0.17}$	
					新黄土风积 Q_3	$\frac{12.0}{5~17}$	$\frac{1.40}{1.2~1.6}$	$\frac{48}{40~55}$	$\frac{21.9}{12~38}$	$\frac{62.0}{16~68}$	$\frac{16.1}{6~34}$	$\frac{26.6}{24~29}$	$\frac{16.9}{15~21}$	$\frac{9.7}{7~14}$	$\frac{30}{10~70}$	$\frac{28.47}{18~40}$	$\frac{0.100}{0.05~0.16}$	
					老黄土 Q_2^2	$\frac{14.5}{3~29}$	$\frac{1.52}{1.4~1.7}$	$\frac{45}{38~53}$	$\frac{15.0}{4~32}$	$\frac{60.3}{41~82}$	$\frac{24.7}{10~38}$	$\frac{28.5}{23~38}$	$\frac{16.4}{12~22}$	$\frac{12.1}{7~20}$	$\frac{86}{20~240}$	$\frac{31.08}{15~50}$	$\frac{0.137}{0.02~0.45}$	
II 中部区	年平均降水量350~600mm	典型黄土高原区,具有塬、梁、峁、卯、坪地貌形态,冲沟密布	黄土连续覆盖全区,土层厚100~150m,最厚者可达200m。土质较黏、湿陷性黄土较多	路基病害有冲刷及因层间潜水所引起的滑坡等	新黄土风积 Q_3	$\frac{10.0}{7~15}$	$\frac{1.48}{1.3~1.5}$	$\frac{47}{44~51}$	$\frac{72.7}{13~37}$	$\frac{68.2}{58~77}$	$\frac{9.1}{5~13}$	$\frac{28.5}{26~32}$	$\frac{19.5}{12~23}$	$\frac{9.0}{6~12}$	$\frac{52}{20~110}$	$\frac{29.58}{24~33}$	—	
					老黄土 Q_2	$\frac{11.5}{7~15}$	$\frac{1.49}{1.3~1.6}$	$\frac{45}{37~51}$	$\frac{16.0}{8~29}$	$\frac{69.8}{61~82}$	$\frac{14.2}{8~24}$	$\frac{27.2}{24~33}$	$\frac{18.3}{13~22}$	$\frac{10.0}{8~14}$	$\frac{69}{30~130}$	$\frac{29.28}{19~40}$	$\frac{0.113}{0.07~0.47}$	
					老黄土 Q_1	$\frac{—}{9~12}$	$\frac{—}{1.6~1.7}$	$\frac{—}{39~41}$	$\frac{16.1}{14~20}$	$\frac{65.3}{58~82}$	$\frac{18.6}{5~27}$	$\frac{30.6}{28~37}$	$\frac{19.5}{17~23}$	$\frac{11.1}{7~16}$	$\frac{—}{40~100}$	$\frac{—}{20~44}$	$\frac{—}{0.09~0.47}$	

续表 D

名称	黄土分区				黄土类型	天然含水率(%)	干密度(g/cm³)	孔隙率(%)	颗粒(mm)组成(%)			可塑性(%)			力学强度		易溶盐含量(%)	碳酸钙含量(%)
		特征							>0.05	0.05~0.005	<0.005	液限	塑限	塑限指数	c(kPa)	φ(°)		
	气候	地貌	土层	病害														
Ⅲ 西部区	年平均降水量250~500mm	山地和盆地相间	大部为黄土覆盖，西部和北部土层厚100~30m，东南部土层厚50~100m，夹层有较多砾石砂层，为自重湿陷性黄土，节理发育	路基有滑塌、陷穴、冲刷等	新黄土风积Q₃	$\frac{11.2}{5~16}$	$\frac{1.37}{1.1~1.5}$	$\frac{49}{44~58}$	—	—	—	$\frac{25.8}{24~29}$	$\frac{16.7}{13~23}$	$\frac{9.2}{5~13}$	—	—	—	—
Ⅳ 北部区	北濒沙漠，属干旱区，年平均降水量250~400mm，地表植被稀少	黄土梁、峁	新黄土为砂质黄土，多孔、疏松，稳定性差，土层厚100~200m	路基有滑塌、陷穴、冲刷等	新黄土风积Q₃	$\frac{8.8}{4~15}$	$\frac{1.40}{1.3~1.6}$	$\frac{48}{40~55}$	$\frac{30.9}{19~35}$	$\frac{60.0}{11~78}$	$\frac{9.1}{2~20}$	$\frac{27.4}{20~33}$	$\frac{20.0}{14~25}$	$\frac{7.3}{4~12}$	$\frac{29}{10~90}$	$\frac{28.03}{14~44}$	$\frac{0.081}{0.02~0.12}$	$\frac{9.5}{7~11}$
					老黄土Q₂²	$\frac{10.2}{3~17}$	$\frac{1.34}{1.3~1.7}$	$\frac{43}{35~53}$	$\frac{23.9}{10~56}$	$\frac{62.8}{32~78}$	$\frac{13.3}{3~25}$	$\frac{26.9}{23~32}$	$\frac{18.8}{16~22}$	$\frac{8.1}{5~12}$	$\frac{64}{10~220}$	$\frac{28.52}{19~39}$	$\frac{0.119}{0.02~0.43}$	$\frac{9.8}{3~28}$
					老黄土Q₂¹	$\frac{11.2}{3~19}$	$\frac{1.67}{1.4~2.1}$	$\frac{38}{28~47}$	$\frac{17.9}{9~29}$	$\frac{63.3}{43~78}$	$\frac{18.8}{9~39}$	$\frac{31.4}{27~36}$	$\frac{17.9}{16~21}$	$\frac{13.5}{10~17}$	$\frac{87}{50~110}$	$\frac{29.55}{20~37}$	$\frac{0.101}{0.02~0.23}$	—

注：表内所列物理力学指标，分子为平均值，分母为变化范围。

本规范用词用语说明

1 本规范执行严格程度的用词,采用下列写法:

1)表示很严格,非这样做不可的用词,正面词采用"必须",反面词采用"严禁";

2)表示严格,在正常情况下均应这样做的用词,正面词采用"应",反面词采用"不应"或"不得";

3)表示允许稍有选择,在条件许可时首先应这样做的用词,正面词采用"宜",反面词采用"不宜";

4)表示有选择,在一定条件下可以这样做的用词,采用"可"。

2 引用标准的用语采用下列写法:

1)在标准总则中表述与相关标准的关系时,采用"除应符合本规范的规定外,尚应符合国家和行业现行有关标准的规定"。

2)在标准条文及其他规定中,当引用的标准为国家标准和行业标准时,表述为"应符合《××××××》(×××)的有关规定"。

3)当引用本标准中的其他规定时,表述为"应符合本规范第×章的有关规定"、"应符合本规范第×.×节的有关规定"、"应符合本规范第×.×.×条的有关规定"或"应按本规范第×.×.×条的有关规定执行"。

公路工程现行标准、规范、规程、指南一览表

(2017年6月)

序号	类别	编号	书名(书号)	定价(元)
1	基础	JTG A02—2013	公路工程行业标准制修订管理导则(10544)	15.00
2		JTG A04—2013	公路工程标准编写导则(10538)	20.00
3		JTJ 002—87	公路工程名词术语(0346)	22.00
4		JTJ 003—86	公路自然区划标准(0348)	16.00
5		JTG B01—2014	★公路工程技术标准(活页夹版,11814)	98.00
6		JTG B01—2014	★公路工程技术标准(平装版,11829)	68.00
7		JTG B02—2013	公路工程抗震规范(11120)	45.00
8		JTG/T B02-01—2008	公路桥梁抗震设计细则(13318)	45.00
9		JTG B03—2006	公路建设项目环境影响评价规范(13373)	40.00
10		JTG B04—2010	公路环境保护设计规范(08473)	28.00
11		JTG B05—2015	★公路项目安全性评价规范(12806)	45.00
12		JTG B05-01—2013	公路护栏安全性能评价标准(10992)	30.00
13		JTG B06—2007	公路工程基本建设项目概算预算编制办法(06903)	26.00
14		JTG/T B06-01—2007	★公路工程概算定额(06901)	110.00
15		JTG/T B06-02—2007	★公路工程预算定额(06902)	138.00
16		JTG/T B06-03—2007	★公路工程机械台班费用定额(06900)	24.00
17		交通部定额站2009版	公路工程施工定额(07864)	78.00
18		JTG/T B07-01—2006	公路工程混凝土结构防腐蚀技术规范(13592)	30.00
19		交通部2007年第30号	国家高速公路网相关标志更换工作实施技术指南(1124)	58.00
20		交通部2007年第35号	收费公路联网收费技术要求(1126)	62.00
21		交通运输部2015年第40号	★收费公路联网收费多义性路径识别技术要求(12484)	40.00
22		JTG B10-01—2014	公路电子不停车收费联网运营和服务规范(11566)	30.00
23		交通运输部2011年	公路工程项目建设用地指标(09402)	36.00
24	勘测	JTG C10—2007	★公路勘测规范(06570)	40.00
25		JTG/T C10—2007	★公路勘测细则(06572)	42.00
26		JTG C20—2011	公路工程地质勘察规范(09507)	65.00
27		JTG/T C21-01—2005	公路工程地质遥感勘察规范(0839)	17.00
28		JTG/T C21-02—2014	公路工程卫星图像测绘技术规程(11540)	25.00
29		JTG/T C22—2009	公路工程物探规程(1311)	28.00
30		JTG C30—2015	★公路工程水文勘测设计规范(12063)	70.00
31	设计	公路	JTG D20—2006	★公路路线设计规范(0996)	38.00
32			JTG/T D21—2014	公路立体交叉设计细则(11761)	60.00
33			JTG D30—2015	★公路路基设计规范(12147)	98.00
34			JTG/T D31—2008	沙漠地区公路设计与施工指南(1206)	32.00
35			JTG/T D31-02—2013	★公路软土地基路堤设计与施工技术细则(10449)	40.00
36			JTG/T D31-03—2011	★采空区公路设计与施工技术细则(09181)	40.00
37			JTG/T D31-04—2012	多年冻土地区公路设计与施工技术细则(10260)	40.00
38			JTG/T D31-05—2017	黄土地区公路路基设计与施工技术规范(13994)	50.00
39			JTG/T D31-06—2017	季节性冻土地区公路设计与施工技术规范(13981)	45.00
40			JTG/T D32—2012	★公路土工合成材料应用技术规范(09908)	42.00
41			JTG D40—2011	★公路水泥混凝土路面设计规范(09463)	40.00
42			JTG D50—2017	★公路沥青路面设计规范(13760)	50.00
43			JTG/T D33—2012	公路排水设计规范(10337)	40.00
44		桥隧	JTG D60—2015	★公路桥涵设计通用规范(12506)	40.00
45			JTG/T D60-01—2004	公路桥梁抗风设计规范(13804)	40.00
46			JTG D61—2005	公路圬工桥涵设计规范(13355)	30.00
47			JTG D62—2004	公路钢筋混凝土及预应力混凝土桥涵设计规范(05052)	48.00
48			JTG D63—2007	公路桥涵地基与基础设计规范(06892)	48.00
49			JTG D64—2015	★公路钢结构桥梁设计规范(12507)	80.00
50			JTG D64-01—2015	公路钢混组合桥梁设计与施工规范(12682)	45.00
51			JTG/T D65-01—2007	公路斜拉桥设计细则(1125)	28.00
52			JTG/T D65-04—2007	公路涵洞设计细则(06628)	26.00
53			JTG/T D65-05—2015	公路悬索桥设计规范(12674)	55.00
54			JTG/T D65-06—2015	公路钢管混凝土拱桥设计规范(12514)	40.00
55			JTG D70—2004	公路隧道设计规范(05180)	50.00
56			JTG/T D70—2010	★公路隧道设计细则(08478)	66.00
57			JTG D70/2—2014	公路隧道设计规范 第二册 交通工程与附属设施(11543)	50.00

续上表

序号	类别	编号	书名(书号)	定价(元)
58	桥隧	JTG/T D70/2-01—2014	公路隧道照明设计细则(11541)	35.00
59		JTG/T D70/2-02—2014	公路隧道通风设计细则(11546)	70.00
60	交通工程	JTG D80—2006	高速公路交通工程及沿线设施设计通用规范(0998)	25.00
61	设计	JTG D81—2006	★公路交通安全设施设计规范(0977)	25.00
62		JTG/T D81—2006	★公路交通安全设施设计细则(12609)	50.00
63		JTG D82—2009	公路交通标志和标线设置规范(07947)	116.00
64	综合	交公路发〔2007〕358号	公路工程基本建设项目设计文件编制办法(06746)	26.00
65		交公路发〔2007〕358号	公路工程基本建设项目设计文件图表示例(06770)	600.00
66		交公路发〔2015〕69号	公路工程特殊结构桥梁项目设计文件编制办法(12455)	30.00
67	检测	JTG E20—2011	公路工程沥青及沥青混合料试验规程(09468)	106.00
68		JTG E30—2005	公路工程水泥及水泥混凝土试验规程(13319)	55.00
69		JTG E40—2007	★公路土工试验规程(06794)	79.00
70		JTG E41—2005	公路工程岩石试验规程(13351)	30.00
71		JTG E42—2005	公路工程集料试验规程(13353)	50.00
72		JTG E50—2006	★公路工程土工合成材料试验规程(13398)	40.00
73		JTG E51—2009	公路工程无机结合料稳定材料试验规程(08046)	60.00
74		JTG E60—2008	公路路基路面现场测试规程(07296)	38.00
75		JTG/T E61—2014	公路路面技术状况自动化检测规程(11830)	25.00
76	公路	JTG F10—2006	公路路基施工技术规范(06221)	50.00
77	施工	JTG/T F20—2015	★公路路面基层施工技术细则(12367)	45.00
78		JTG/T F30—2014	公路水泥混凝土路面施工技术细则(11244)	60.00
79		JTG/T F31—2014	公路水泥混凝土路面再生利用技术细则(11360)	30.00
80		JTG F40—2004	★公路沥青路面施工技术规范(05328)	50.00
81		JTG F41—2008	公路沥青路面再生技术规范(07105)	25.00
82	桥隧	JTG/T F50—2011	★公路桥涵施工技术规范(09224)	110.00
83		JTG/T F81-01—2004	公路工程基桩动测技术规程(0783)	20.00
84		JTG F60—2009	公路隧道施工技术规范(07992)	42.00
85		JTG/T F60—2009	公路隧道施工技术细则(07991)	58.00
86	交通	JTG F71—2006	★公路交通安全设施施工技术规范(13397)	30.00
87		JTG/T F72—2011	公路隧道交通工程与附属设施施工技术规范(09509)	35.00
88	质检安全	JTG F80/1—2004	公路工程质量检验评定标准 第一册 土建工程(05327)	46.00
89		JTG F80/2—2004	公路工程质量检验评定标准 第二册 机电工程(05325)	40.00
90		JTG G10—2016	公路工程施工监理规范(13275)	40.00
91		JTG F90—2015	★公路工程施工安全技术规范(12138)	68.00
92	养护管理	JTG H10—2009	公路养护技术规范(08071)	49.00
93		JTJ 073.1—2001	公路水泥混凝土路面养护技术规范(13658)	20.00
94		JTJ 073.2—2001	公路沥青路面养护技术规范(13677)	20.00
95		JTG H11—2004	公路桥涵养护规范(05025)	30.00
96		JTG H12—2015	公路隧道养护技术规范(12062)	60.00
97		JTG H20—2007	公路技术状况评定标准(13399)	25.00
98		JTG/T H21—2011	★公路桥梁技术状况评定标准(09324)	46.00
99		JTG H30—2015	公路养护安全作业规程(12234)	90.00
100		JTG H40—2002	公路养护工程预算编制导则(0641)	9.00
101	加固设计与施工	JTG/T J21—2011	公路桥梁承载能力检测评定规程(09480)	20.00
102		JTG/T J21-01—2015	公路桥梁荷载试验规程(12751)	40.00
103		JTG/T J22—2008	公路桥梁加固设计规范(07380)	52.00
104		JTG/T J23—2008	公路桥梁加固施工技术规范(07378)	30.00
105	改扩建	JTG/T L11—2014	高速公路改扩建设计细则(11998)	45.00
106		JTG/T L80—2014	高速公路改扩建交通工程及沿线设施设计细则(11999)	30.00
107	造价	JTG M20—2011	公路工程基本建设项目投资估算编制办法(09557)	30.00
108		JTG/T M21—2011	公路工程估算指标(09531)	110.00
1	技术指南	交公便字〔2006〕02号	公路工程水泥混凝土外加剂与掺合料应用技术指南(0925)	50.00
2		厅公路字〔2006〕418号	公路安全保障工程实施技术指南(1034)	40.00
3		交公便字〔2009〕145号	公路交通标志和标线设置手册(07990)	165.00

注：JTG——公路工程行业标准体系；JTG/T——公路工程行业推荐性标准体系；JTJ——仍在执行的公路工程原行业标准体系。
批发业务电话：010-59757973；零售业务电话：010-85285659(北京)；网上书店电话：010-59757908；业务咨询电话：010-85285922。带"★"的表示有勘误，详见中国交通运输标准服务平台 www.yuetong.cn/bzfw。